공직에서
길을 찾다

공직에서 길을 찾다

이무하 지음

애플북스

머리말

"주무관님처럼 되고 싶습니다."

주변에서 종종 하는 말씀이다. 이분들에게는 내가 현재 몇 급 공무원인지는 중요하지 않다. 내가 현직 공무원임에도 업무 외적으로 노력해서 이룬 성과를 얘기하는 것이다.

이 책은 단순히 슬기로운 공무원 생활만을 얘기하지 않는다. 공직 생활을 하면서 업무와 연장하여 나만의 콘텐츠를 개발하고, 독보적인 콘텐츠로 성장하여 전국구 강사로 서기까지의 노력과 그 과정이 담겨 있다.

공직에서 18년 동안 남들처럼 초고속 승진만을 목표로 달려가다가, 가장 중요한 순간 인생의 갈림길에서 전혀 다른 선택을 하게 된 이유이기도 하다.

1997년 대학교에 입학했다. 대학교 수업은 나와 전혀 맞지 않았고, 단대 앞에서 선배들과 족구하는 것이 더 재미있던 시절이었다. 그 당시만 해도 학과 분위기는 상당히 좋았다. 늘 점심을 사주는 선배들이 있었고, 열심히 공부하는 사람들도 없었으니 대학교가 원래 이런 곳인가 싶었다. 그러다 곧 IMF가 터졌고 분위기가 완전히 바뀌었다.

대학교 2학년이던 1998년, 이때는 인터넷 익스플로러Internet Explorer와 넷스케이프 내비게이터Netscape Navigator가 공존하던 시기였으며, 아직 PC방이란 용어가 생소하던 때였다. 동네에 드문드문 PC방이 생기기 시작했고, 내가 처음 갔던 PC방은 지하에 있었는데 1시간에 3,000원을 받았다. 그런 시절, 우리 집에도 아버지가 가져다놓은, 인터넷을 연결하지 않은 PC가 한 대 있었다.

고등학교 시절 비효율적인 학습 탓에 대학교에 입학하면 더 이상 공부는 절대 하지 않겠다고 다짐했다. 평소 특별히 할 일이 없었기에 매일 인터넷도 안 되는 PC 앞에 앉아서 이것저것 프로그램을 순서대로 눌러보았다. 나모웹에디터라는 프로그램과 제로보드 공개 게시판 소스를 접하고 처음으로 개인 홈페이지란 것을 직접 만들기 시작했다. 홈페이지 제목은 '수필과 자동차'로 일상의 신변잡기를 쓰는 것이었다.

대학 생활은 처음 기대했던 것보다 재미가 없었고, 나만의 세계였던 개인 홈페이지 공간으로 빠져들기 시작했다. 학교에 다녀오면 집에서 하는 일이라고는 개인 홈페이지를 이리저리 뜯어고치고, 생각나는 대로 글을 올리는 것이 전부였다. 요즘 블로그의 1일 1포스팅과 같은 의미였는지도 모른다.

그렇게 5년이란 시간 동안 여덟 번의 리뉴얼을 거쳐서 개인 홈페이지 관리만 했다. 집에서는 인터넷이 안 되니, 입술이 부르터 가며 밤늦게까지 만든 홈페이지 디자인을 다음 날 학교에 가자마자 전산실로 뛰어가서 직접 띄워보고 좋아했던 기억이 아직도 새록새록 떠오른다.

그 당시 개인 홈페이지는 나름 전문가의 영역(?)으로 분류되어서 우수한 개인 홈페이지를 운영하는 사람들에게는 별도의 서버 공간을 제공하는 사이트들이 늘고 있었다. 왜 입술이 터지도록 홈페이지 디자인을 바꿨냐고 묻는다면 나만의 공간을 세련되게 가꿔가는 묘미 때문이었다. 마치 사이버 공간에서 나만의 집을 아름답게 꾸미는 것과 같은 심리였다. 이런 심리를 이용해서 탄생한 것이 훗날의 싸이월드였다. 싸이월드는 개인 홈페이지의 대중화를 가져왔고, 사람들은 더 이상 시간과 노력을 들여서 어렵게 개인 홈페이지를 만들지 않아도 되었다. 유료 아이템을 도토리를 주고 사기만 하면 누구보다 멋진 사이버 공간을 가질 수 있었다.

혼자 있기를 좋아하는 성격 탓에 상당히 오랜 기간 개인 홈페이지를 운영하며 일상적인 글을 매일 올렸다. 홈페이지를 만드는 데는 이미지 편집 기술이 어느 정도 필요해서 페인트샵 프로와 같은 프로그램을 주로 만지고 놀았다. 가끔 라디오 프로에 글을 보내서 패밀리 레스토랑 식사권과 같은 상품권을 받기도 했다. 이런 것들은 훗날 공무원 업무에도 유용하게 써먹을 수 있는 기술이었다.

대학교 3학년이 되었을 때 학군단^{ROTC}에 입단했다. 평소 평범해 보였던 학과 선배가 학군단이란 곳에 들어가자 적어도 내 눈에는 많이 달라 보였다. 난 원래부터 선생님 말씀이면 무조건 잘 듣는 조용한 모범생 같은 성격이었다. 그래서인지 초등학교부터 고등학교까지 반장, 부반장은 한 번도 해본 적이 없었고 할 마음도 없었다. 남들 앞에 나서는 것 자체가 싫었다.

학군단에 입단해서 6개월이 지날 무렵, 3학년 담당 훈육관님께서 나를 좋게 봐주셨는지 50명 동기 중에 대표 자리였던 중대장으로 임명했다. 두 달이라는 짧은 기간 동안 3학년 후보생 자치활동의 대표를 했고, 그 영향으로 4학년 때는 명예위원단 활동을 하게 되었다. 돌이켜보면 고민이 많던 시기에 학군단에서 여러 활동들을 경험했던 것이 인생에서 큰 도움이 되었다.

"만약 입사한다면 어떻게 근무하시겠습니까?"

내 인생의 첫 번째 회사 면접시험에서 받은 3가지 질문 중의 하나였다.

"직장 내에서 일을 가장 잘하는 선배를 롤모델role model로 삼아서 따라갈 수 있도록 노력하겠습니다."

공직에 입사해서도 롤모델이 되는 선배들이 있었다. '나도 저 선배처럼 열심히 노력해서 저런 경력과 과정을 거쳐 남들보다 앞서 가야지' 이런 생각으로 공직 생활을 한 지 18년이 흘렀다. 올해 6급 공무원 5년 차로 계획대로라면 이미 교육청 본청에 전입해서 사무관 시험을 조금씩 준비하고 있어야 했다. 다들 그렇듯이 훗날 서기관으로 퇴직하는 것을 목표로 말이다. 이것이 본청에 근무하는 공무원들에게는 일종의 암묵적인 룰Rule이었다.

6급으로 승진하고 2년 차가 되던 2022년부터 우연한 기회에 전국의 기관을 대상으로 '공문서 작성법' 강의를 하게 되었다. 서울부터 제주까지 100개 대학교, 공공기관, 시도교육청 연수원, 지자체에 출강했다.

2023년 5월에 출간한 첫 종이책 《무조건 통과하는 공문서 작성법》은 국내 온오프라인 서점에서 유일한 공문서 작성법 분야의 책으로 누적 1만 6,000부를 발행한 베스트셀러가 되었다. 앞으로도 매년 8,000부씩 꾸준한 수요가 예상된다. 그리고 2025년 6월 이렇게 또 다른 자기계발서를 출간하게 되었다.

이제 공무원 퇴직까지 13년이라는 시간이 남았다. 나는 지금 어떤 선택을 해야 하고, 앞으로 어떻게 살아야 할 것인가?

수많은 고민 끝에 결국, '나답게' 살기로 했다. 지금까지는 '해야 하는 일'을 누구보다 열심히 해왔으니 지금부터는 '하고 싶은 일'을 하면서 살기로 했다. 지금까지는 다른 사람들을 롤모델로 삼아서 그들처럼 되려고 노력해왔지만, 이제부터는 내가 새로운 롤모델이 되기로 했다. 퇴직 후의 10년을 더해서 70세까지, 앞으로 나에게 남은 23년이라는 시간 동안 개인적인 성취보다는 사회적으로 도움이 되는 사람이 되기로 했다. 그 목표가 바로 '우리나라 공문서의 표준화'이다.

지금 이 선택이 올바른 결정인지는 먼 훗날 알게 될 것이다.

이무하

| **목차** |

머리말 4

1부 | 슬기로운 공무원 생활
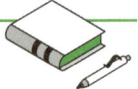

1. 첫 발령을 받다 15
2. 사회복지사 1급 합격 20
3. 자신을 PR하라 27
4. 본청 전입 32
5. 나는 공무원이다 35
6. 감사관 직위에 공모하다 44
7. 기획의 시작 47
8. 업무를 개선하라 52
9. 위기를 기회로 57
10. 절망 속에도 꽃은 핀다 69
11. 결산 심사 방법을 완전히 바꾸다 74
12. 기회를 주도하라 82
13. 제 역할을 할 때 87
14. 근무시간은 집중력 있게! 94
15. 나부터 달라져 볼까? 102
16. 돌아가지 않는 길 105

2부 | 나만의 콘텐츠를 찾다

1. 공문서 작성법 정리를 시작하다 117
2. 4년 후에 채택된 제안 120
3. 국립국어원 감수와 대국민 공개 125
4. 첫 외부강의 신고 129
5. 공직 사회의 공문서를 민간 강사가 교육한다고? 133
6. 서울대학교 강의 요청을 받다 136
7. 연세대학교 교육 담당자의 열정 143
8. 전 국민 대상 무료 특강을 시작한 이유 147
9. 첫 대면 무료 특강을 대구에서 개최하다 152
10. 교육연구사님, 앞으로 이 과정 저 주십시오! 157
11. 나는 대한민국 대표 강사입니다 161

3부 | 나는 브랜드입니다

1. 블로그의 힘 169
2. 강연으로 감동시켜라 179
3. 종이책 출간과 베스트셀러 진입 207
4. 교원 직무연수 온라인 콘텐츠 론칭 224
5. 자신이 브랜드가 되어라 232

1부 슬기로운 공무원 생활

1

첫 발령을 받다

　　　　　막막했던 수험 생활에 지쳐갈 무렵, 공부를 시작한 지 정확히 2년 6개월 만에 겨우 합격할 수 있었다. 먼저 시작한 대학교 동기의 말 한마디에 용기를 내서 1년 정도 다닌 회사에 과감히 사표를 내고 시작한 공부였지만 처음엔 정말 6개월 정도면 충분히 해볼 만하다고 생각했다. 그 당시는 공무원을 한 해에 200명씩 뽑던 시절이어서 가능했는지도 모른다. 보통 수험생들은 자기가 합격할 시기가 오면 '이번에는 합격할 것 같다'는 느낌이 온다고 한다. 합격했지만 커트라인에서 1~2점 정도 위에 있었다. 이때도 떨어졌더라면 도대체 지금쯤 뭘 하고 있을까 하는 생각에 아찔하다.

연수원에서 신규 공무원 임용 예정자 교육을 2주간 수료하고 발령 대기 상태에서 한 달 정도 본청 중등과 인턴 근무를 지원했다. 필기 성적이 좋았던 동기들은 1차로 100명 이상이 5월에 발령이 났고, 나는 겨우 합격했기 때문에 7월에야 발령이 났다. 출퇴근이 가능한 지역을 기대했던 것과는 달리 첫 발령지는 집에서 편도 100km가 넘는 중고병설학교였다.

한적한 시골 학교에 그것도 7월 여름방학 중에 발령을 받다 보니 학교가 너무 조용했다. 먼저 전임자에게 인사하고 업무를 인수인계했는데 지금 생각해보면 그분이 뭐라고 얘기하는지도 모른 채, 그냥 "예······, 예······"라는 형식적인 대답만 되풀이했던 것 같다.

회사를 1년 조금 넘게 다니다가 교육행정직 공무원에 합격해 학교 행정실에서 근무하다 보니 회사 때만큼 일이 많다는 생각이 들지 않았다. 집에서 출퇴근할 수 있는 거리가 아니었기 때문에 주중에는 학교 교장 관사에서 지냈다. 매일 저녁을 먹고 텅 빈 관사에서 할 수 있는 일이 특별히 없다 보니 행정실에 다시 가서 저녁 늦게까지 다음 날 해야 할 일들을 미리 정리하고 결재를 올려놓았다. 그렇게 하루하루를 보냈다.

그러던 중 우연히 학교 홈페이지를 살펴보게 되었다. 대학교 시절 개인 홈페이지를 직접 만들었던 기억이 떠올라서 학교 홈페이지 디자인을 직접 바꿔봐야지 하는 생각에 조금씩 손을 대기 시작했다. 홈페이지에 필요한 학교 사진들도 새로 찍었고, 아이콘과 게시판도 추가했다. 한 달 동안 작업한 끝에 새로운 학교 홈페이지가 만들어졌다. 자체 서버로 운영하다 보니 학교에 전기가 나갈 때마다 학교 서버를 다시 껐다 켜야 하는 번거로움이 있었지만 자발적으로 결과물을 만들어냈다는 것만으로도 나에겐 충분히 의미가 있었다. 물론 그 당시 행정실장님께서는 처음부터 이런 나를 뜯어 말렸다. 괜한 일 하지 말라면서.

여름방학이 시작되고 실장님은 학교 예산이 남았는지 복도에 있던 게시판들을 모두 교체했다. 물론 나는 발령받은 지 얼마 되지 않은 신규 공무원이었기에 그런 교체 내용 자체를 전혀 몰랐다. 복도에 있던 기존의 게시판이 철거되고 새로운 게시판이 달리고 나서야 교직원들과 사전에 협의 없이 실장님이 임의로 진행했다는 사실을 알게 되었다.

복도의 텅 빈 게시판을 보시던 교장 선생님께서 나를 부르시더니 행정실 앞에 있는 큰 게시판은 내용을 채워 넣으라고 하셨다. 잠시 곰곰이 생각하다 여자 친구에게 POP 예쁜 글씨체로 게시판의 타이틀을 부탁했다. 당시 우리 교육청에서는 '혁신'을 강조하던 시기였기 때문에 그에 맞추어 '혁신 게시판'을 만들기로 결정한 것이었다.

며칠 후 본청에서 '혁신' 공모전을 개최한다는 공문을 받았다. '혁신'과 관련된 책을 읽고 실천한 사례를 제출하는 것이었다. 첫 발령을 받고 학교에서 실제로 했던 '학교 홈페이지 리뉴얼', '헌혈 누적 30회 실천', '셀프 리더십 연수 30시간 이수' 등을 내용으로 공모전에 응모했다. 그해 12월 공모전 결과가 발표되었는데 발령받은 지 6개월 만에 최우수상인 교육감상을 받았다.

근무한 지 1년 6개월이 지난 시점부터는 집 근처로 근무처를 옮기고 싶어서 계속 관외 내신을 신청하고 있었다. 9급 3호봉, 봉급의 실수령액도 얼마 되지 않는데 주말에 집에 갈 때마다 고속도로에 돈을 뿌려대고 있었으니 출퇴근이 가능한 곳으로 가야 했다.

평소와 같은 어느 날 오후, 본청 인사 담당자한테서 이런 문자를 받았다.

<u>"지난번에 냈던 내신이 아직 유효한가요?"</u>

문자를 받고 너무 기뻐서 "네, 그렇습니다"라는 답장을 하고 나서도 문자가 제대로 들어갔는지 걱정이 되어서 떨리는 목소리로 담당자에게 확인 전화까지 했다. 그리고 며칠 후 집에서 출퇴근할 수 있는 지역으로 발령이 났다.

같은 지역에 첫 발령을 받았던 동기들은 내가 생각보다 쉽게 집 가까이로 근무지를 옮기는 것을 보고는 분명 빽이 있을 거라고 했다. 사실 빽 따위는 없었다. 그저 집 가까이 가고 싶어서 자격이 되는 순간부터 계속 내신서를 썼을 뿐이다. 첫 학교에서 1년 9개월 만에 드디어 집에서 출퇴근이 가능한 곳으로 근무지를 옮길 수 있었다.

2

사회복지사 1급 합격

　　　　　　공무원 시험 공부만 반복하다가 막상 합격하고 보니 특별한 취미가 없었다. 첫 발령을 받은 학교에서 매일 반복되는 무료한 일상에 뭐라도 해야겠다는 생각이 들었다. 대학원에 다니는 동기도 있었지만, 대학교 때도 공부에 그렇게 흥미를 붙이지 못했던 나로서는 대학원 공부가 썩 와 닿지 않았고 9급 봉급으로는 학비도 상당한 부담이었다. '이 시기에 뭘 해야 가장 효과적일까?' 이리저리 찾아보다가 '사회복지사 2급 자격증'이 있으면 승진 가점을 준다는 사실을 알게 되었다. 그래서 맨 먼저 사회복지사 2급 자격증 취득을 목표로 삼았다.

사회복지사 2급을 취득하려면 온라인으로 총 42학점을 따야 하는데, 시간이 날 때마다 수업을 듣고 과제를 제출하고 시험을 치면 어렵지 않게 이수할 수 있었다. 그렇게 2008년부터 2010년까지 3년 동안 공부해서 사회복지사 2급 자격증을 취득했다. 이후에 학교에서 근무 성적 가점으로 자격증 취득 사항을 꼬박꼬박 적어 냈지만 0.5점 가점이 제대로 적용되었는지는 확인할 방법이 없었다. 그 당시 공무원 선배들은 자격증 가점은 필요 없다고들 했다. 가점이 있는 만큼 근무 성적을 깎아내려서 근평(근무성적평정의 줄임말)을 조정한다는 소문 때문이었다.

2012년 11월, 시험을 준비할 기간이 두 달밖에 남지 않았지만 다음 해 1월에 예정되어 있던 사회복지사 1급 시험에 응시하기로 했다. 1급 시험일이 첫째 아이가 태어날 예정일보다 2주 정도 앞서 있었기 때문에 이번 기회를 놓치면 사회복지사 1급은 나와는 전혀 인연이 없는 자격증이 될 것이라는 생각이 들었다.

퇴근하고 나서 저녁에 매일 1~2시간씩 수험서를 보기 시작했고, 주말과 공휴일에는 2~3시간 집중해서 정리했다. 그렇게 두 달 동안 기출문제를 정리하는 데만 시간을 쏟아붓고는 시험을 한 주 남기고 요약집만 집중해서 눈으로 읽어 내려갔다. 시험 전날에는 아침부터 저녁 늦게까지 마무리 정리를 했다. 다음 날 시험장에 도착했다. 대구의 모 고등학교에서 8과목을 치렀는데 수능 시험 이

후로 점심까지 먹으면서 하루 종일 시험을 보기는 처음이었다.

저녁에 모 공단에서 제공하는 답안으로 가채점을 했다. 합격 기준은 240점 만점에 144점 이상이었다. 가채점을 했는데 1교시 첫 과목이 과락으로 나왔다. 한동안 멘붕 상태였다가 다시 정신을 차리고 규정을 찾아보니 과목별 과락이 아닌 교시별 과락이 적용되었다. '아, 정말 다행이다.' 가채점 결과 146점이 나왔다. 가채점이라서 불안했다. 월요일 한국산업인력공단에서 정식 답안이 발표되었고, 다시 채점해 보니 맞다고 생각했던 문항이 틀렸고, 틀렸다고 생각했던 문항이 맞는 것도 있었다. 결국 최종 점수는 처음과

2013년 제11회 사회복지사 1급(필기)

구분	시험 과목		득점
1교시	사회복지기초	인간행동과 사회환경	18
		사회복지조사론	14
2교시	사회복지실천	사회복지실천론	22
		사회복지실천기술론	17
		지역사회복지론	18
3교시	사회복지정책과 제도	사회복지정책론	22
		사회복지행정론	18
		사회복지법제론	17
총점(240점 만점)			146
시험 결과			합격

같은 146점이었다. 정확히 커트라인에서 2점 차로 합격이었다.
'아, 이 커트라인 인생……'

사회복지사 1급 자격증은 2021년 6급으로 승진한 후에도 우리 기관에서는 여전히 근무성적평정 때마다 0.5점 가점이 적용되는 것을 보면 상당히 가성비가 높은 자격증임이 분명하다.

> **TIP** 사회복지사 1급 합격 비법

나처럼 공부할 시간이 절대적으로 부족한 직장인을 위해 시험에 합격한 경험담을 요약해서 블로그에 기술했던 내용이다. 제시한 내용대로 공부해서 합격했다는 댓글들이 여러 차례 달렸다.

- 작년에 사회복지사 1급 사이버 강좌를 들으면서 시험 준비를 하고 있을 때 공부할 내용이 너무 많아서 시험을 봐야 하나 고민이었는데 알려주신 내용을 읽고 좋은 방법이라고 생각해서 정말 알려주신 대로 공부했습니다. 덕분에 올해 사회복지사 1급 시험에 합격했어요. 너무 고마워서 한 줄 남깁니다.

- 저 이번에 합격했어요. 합격 비법을 보고 핵심요약 노트에 해석 부분 다 써서 그 한 권을 두 번 정도 보고 시험 쳐서 겨우 턱걸이로 붙었습니다. 12월부터 공부해서 정말 붙을까 걱정이 많았는데 덕분에 붙었습니다. 정말 고맙습니다.

내가 응시했던 2013년 사회복지사 1급 시험 합격률은 28.4%였다. 2025년 합격률은 38.9%로 최근 3년간 합격률이 30% 중반대로 유지되고 있다.

사회복지사 1급 합격 기준은 교시별 과락을 면하고, 총점이 144점 이상이어야 한다. 2013년에 사회복지사 1급 시험을 준비할 때 다른 합격자들의 수기를 많이 읽어보았다. 합격자들은 보통 사회복지사 기본서 8권과 기출문제지를 많이 보는 경향이 있었다. 나도 처음에는 과감하게 수험서 8권을 구입했는데 결국 이 책들은 한 번도 보지 않고 다른 분에게 나눔을 했다.

직장인 특성상 공부할 시간이 많이 없기 때문에 핵심 위주로 내용이 잘 정리된 단권책을 찾아보기로 했다. 그 책이 바로 어대훈 선생님의 《HUMAN 사회복지학개론 핵심요약노트》였다.

사회복지사 1급을 취득하는 데 오랜 시간을 투자할 여력이 없는 분들, 그리고 시험이 석 달 이하로 남은 분들에게만 이 공부법을 권한다. '중요한 것만 확실히 짚고 넘어가자'는 방법으로 공부해야 한다. 자격증 시험은 60점 이상(총점 144점 이상)이면 합격이기 때문이다.

나의 경우에는 다음의 과정을 거쳐 시험을 준비했다.

📁 구입해야 할 책 3권

1. 《HUMAN 사회복지학개론 핵심요약노트》(어대훈)를 기본서로 활용한다. 이 책에는 외우기 쉬운 저자의 암기법이 있고, 중요한 부분만 핵심적으로 나열되어 있다.
2. 《나눔의집, 사회복지법제론》을 구입하여 뒤편에 있는 합격비법 부분만 위의 기본서 마지막에 붙여서 단권으로 만든다.
3. 마지막으로 사회복지사 1급 기출문제지를 구입한다.

📁 공부 방법

1. 기출문제를 앞 장부터 한 문제씩 본다.('푼다'가 아니다.)
2. 한 문제 읽고, 답을 확인하고, 뒷장에 있는 해설을 꼼꼼히 읽는다.
3. 기본서로 만들어둔 핵심요약집에 관련 부분을 체크(형광펜, 밑줄 긋기 등)하여 기출된 중요 내용을 표시한다.
4. 다음 문제로 넘어간다.(*반복)
5. 이렇게 하면 기출 내용이 핵심요약 노트에 모두 정리된 상태가 된다.
6. 일주일 시험을 남겨놓고, 계속 반복해서 기본서만 읽는다.
   (읽다 보면 중요한 부분이 눈에 보이면서 자연스럽게 암기된다.)
7. 시험 전날에는 기본서를 꼭 1회독 한다.

8. 시험 당일 감독관이 책을 넣으라고 말하기 전까지(시험 직전까지) 계속해서 읽는다.
9. 시험 볼 때 무조건 확실한 답이 나오면 다음 지문은 읽지도 말고 바로 찍는다.

📁 **합격 키포인트**

- 기출문제 중심으로 문제의 해설을 포함해서 공부하자.
- 아는 것만 확실히 짚고 넘어가자.
- 절대평가이니 60점만 넘기자.

3

자신을 PR하라

　두 번째 학교는 단설고등학교였다. 집에서는 편도 60km 거리여서 첫 학교보다는 출퇴근 거리를 절반 이상 당길 수 있었다. 행정실 직원도 많고 업무분장도 잘되어 있었다. 보통 일반직 인사는 1월과 7월에 있었는데 내가 이동한 시기는 4월이어서 동기들이 좀 이상하게 볼 수도 있겠다는 생각이 들었다.
　내가 발령받은 지역에는 아주 오래전부터 본청에 근무하던 행정실장님들이 많아서 운이 좋으면 우연찮게 같이 근무할 수도 있다는 이야기를 들었다. 내가 바로 그런 경우였는데 이 학교의 행정실장님은 본청 근무 경력이 상당히 많은 분이었다. 6개월 정도 근무했을 때 실장님은 본인 댁과 가까운 곳으로 근무지를 옮겼다. 그 후로는 간간이 인사만 드리며 지내고 있었다.

첫 번째 중고병설학교에서는 같은 공문을 중학교와 고등학교 각각 보고하다가 단설고등학교에 오니 업무가 더 간단하게 느껴졌다.

'혁신'을 강조하던 시기가 지나고 그해 본청에서 '공무원 제안' 공모전을 개최한다는 공문이 내려왔다. 한창 제안에 관심이 있던 때여서 이번에도 공모전에 응모했고, 그 결과 우수상을 받았다. 같은 분야에서 계속 상을 받다 보니 '내가 이 분야에 소질이 있나?'라는 생각이 들었다.

2011년, 때마침 국제유가가 고공행진하기 시작했다. 휘발유 가격이 리터당 2,000원을 넘어갈 즈음 지식경제부에서 주최하고 에너지관리공단에서 주관하는 '범국민 에너지절약 아이디어' 공모전이 전국적으로 개최되었다. 이번 공모전에도 응모했는데 전국적으로 총 5,680건이 접수되었다고 한다. 전문가 심사를 통해 1차로 22명을 선정했는데 운이 좋았는지 '공공/전문가' 부문에 1차 대상자로 이름을 올렸다. 확률적으로 0.4%에 든 것이다. 대한상공회의소에서 각 분야의 전문가들 앞에서 PPT 발표를 통해 최종 11명을 선발하는 2차 심사가 아직 남아 있었다.

두 번째 학교에서 8급으로 2년 정도 근무했을 때 집에서 가까운

교육지원청에서 근무하고 싶었다. 7급 승진 때문에 이미 교육지원청에서 근무하는 동기들도 있었고, 학교만 근무해서는 근무성적이 제대로 나올 수 없었다. 조금 늦은 감도 있어서 마음이 급했다.

하루는 같이 근무했던 실장님께서 저녁에 잠시 보자고 하셨다. 저녁 식사 자리였는데 그 당시 본청의 인사과 근평 담당자였던 분과 예산과에 근무하는 분이 실장님과 함께 나를 기다리고 있었다. 실장님을 포함해 본청에 근무하는 분들은 모두 6급이었기 때문에 8급이었던 나는 조금 긴장했다. 실장님께서 워낙 본청에 오래 근무하다 보니 그분들과는 너무나 친한 선후배 사이처럼 느껴졌다.

식사 중에 실장님께서 내가 원하는 지역으로 전보해 달라는 얘기를 꺼냈는데 인사과 근평 담당자였던 분이 말을 끊고는 인사 전보는 현재 '점수제'임을 강조했다. "학교에 근무하면 편한데 굳이 뭐하러 교육지원청으로 옮기려고 하느냐?"라고 물었다. 나도 이제 경력이 어느 정도 되어서 다른 동기들처럼 교육지원청에서 일을 제대로 해보고 싶다고 말씀드렸지만 '점수제'를 강조하는 분에게 이런 말들이 무슨 소용이 있겠나 싶었다.

그분은 술을 정말 잘 드셨고, 옆에 같이 오신 분은 너무 급하게 술을 드셨는지 이미 기절(?)한 상태였다. 나도 못 먹는 술을 그분이 따라주는 대로 마셨더니 제정신이 아니었다. 그날 혹시나 필요할까 싶어서 '범국민 에너지절약 아이디어' 공모전에 1차로 선발되어 이름이 적혀 있는 에너지관리공단 공문을 들고 갔다. 어차피 내가 원하는 지역의 교육지원청에 가기는 힘들 거라고 생각했고, 이분은 현재 본청 인사과의 근평 담당자이니 고등학교에 근무하는 내 이름이나 기억해 주길 바라는 마음으로 이렇게 말씀드렸다.

"차장님! 제가 3분 PR을 해도 되겠습니까?"

그분은 살짝 당황한 표정이었지만 한번 해보라고 했다. 난 무슨 용기였는지 첫 발령부터 그때까지 본청 공모전에서 수상한 경력을 하나씩 나열하며 자신 있게 읊어대기 시작했다. 그리고 그 시기에 2차 심사가 진행 중이었던 '범국민 에너지절약 아이디어' 공모전 1차 선발 공문을 그분 손에 꼭 쥐어드렸다. 그분은 공문을 유심히 보더니, 특별한 말씀 없이 그 자리는 끝났다.

사흘 정도 지났을 때 내가 근무하던 학교로 전화가 왔다. 본청 인사과에 근무하는 그분이 나에게 이렇게 말씀하셨다.

"본청에 내신을 내라!"

내 귀를 의심했다. "네? 차장님…… 저는 아직 8급인데요. 7급으로 오해하신 것 같습니다." 그 당시 본청은 7급 이상만 내신서를 받았고, 8급은 지원조차 할 수 없었다. 그렇게 말씀드렸더니 "내가 다 얘기해 놨으니 그냥 내신서만 작성해서 제출하면 된다"라고 했다.

"알겠습니다!"

4

본청 전입

'8급인데 본청 전입이 가능할까?'

여전히 마음속에는 물음표가 있었지만, 시키는 대로 본청 전입 내신서를 정성 들여 작성해서 제출했다. 그리고 며칠 후 본청 면접장에 도착했다. 면접을 기다리는 사람들을 살펴보니 7급이 대부분이었고, 8급은 나 외에 2명이 더 있었다. 8급 중 한 분과 함께 면접장에 들어갔다. 정면에는 그 당시 3급이었던 행정국장님이, 양쪽으로는 본청 각 부서의 사무관 8명이 앉아 있었고, 면접 보는 자리가 2개 놓여 있었다. 인사 담당자의 안내에 따라 자리에 앉았다.

첫 질문을 했던 분이 내가 작성한 내신서에 적혀 있던 회사 경력, 제안 공모전 수상 경력 등을 보며 '경력이 화려하다'는 말씀을 먼저 해주셨다. 그리고 본청에 지원한 동기를 물었다.

"지금부터는 업무 능력으로 승부를 볼 때라고 생각합니다."

학교 근무 경력이 4년밖에 안 된 8급이 본청에 면접을 와서 하는 이야기치고는 상당히 당돌했을 것이다. 하지만 면접 분위기는 '왜 왔냐?'보다는 '무슨 업무를 하고 싶냐'로 기울어지고 있었다.

"기획이 하고 싶습니다."

지금 생각하면 말도 안 되는 이야기를 면접장에서 계속 하고 있었다. 그 어렵다는 '기획'을 8급이 본청에서 하고 싶다니 말이다.

면접관은 자기가 생각하는 그 기획이 지금 얘기하는 기획이 맞냐고 다시 물었다. 사실 본청 조직도의 업무분장을 살펴보니 기획홍보담당관이라는 부서가 있어서 공모전 수상 경력으로 그저 공모전의 기획 얘기를 했던 것인데, 갑자기 그렇게 물으니 무조건 맞다고 대답했다. 의도하지는 않았지만 그냥 밀고 나갈 수밖에 없었다. 면접이 끝나고 밖으로 나왔을 때 분명히 합격할 것이라는 확신이 들었다.

며칠 후 인사 발표가 나던 날, 나는 본청 행정국에서 총무과 다음으로 선호하는 부서에 발령이 났다. 본청에 내신을 내라고 추천해 주었던 인사과의 그분이 나의 공모전 수상 경력 등을 고려해서 관련 부서에 발령을 낸 것이다.

나중에 알게 된 사실이지만, 본청 전입에는 암묵적인 룰이 있었다. 첫째, 7급 이상만 본청 전입이 가능했다. 둘째, 일반직 공무원이 처음 본청에 전입할 때는 행정국이 아닌 장학사들과 근무하는 교육국에 발령을 내고 이후에 다시 내신을 써서 행정국으로 이동할 수 있었다.

내가 8급으로 행정국의 선호 부서에 바로 들어가면서 본청의 모든 룰이 한 번에 깨졌다. 그러다 보니 나보다 먼저 전입해서 교육국에 근무하고 있던 7급 선배들의 눈총을 받았다. 예전에 같은 지역에서 근무하던 동기들 사이에서는 내가 역시 빽이 있는 것이 확실하다는 이야기가 돌았다.

남들이 얘기하는 '관운'이 나에게는 분명히 있었다. 본청에 전입하고 첫 발령을 받은 부서에서 차기 행정국장으로 거론되는 힘 있는 과장님을 모시게 되었다. 우리 집에서 본청까지 한 번에 가는 교육청 통근 버스가 있었지만, 이 버스를 타면 과장님이 출근하는 시간보다 10분 늦게 도착하게 되니, 일부러 지하철을 타고 과장님보다 먼저 사무실에 도착했다. 일반 서무 업무를 하다 보니 공문 수합이나 과 행사를 주로 담당했는데 1년 정도 지났을 때는 여러 행사를 거치면서 과 내에서 상당히 인정받는 분위기가 되었다. 전임자였던 과 선배가 이런 얘기를 했다. "본청에서 일반 서무 업무를 하면서 이 정도로 사람들이 인정해 주는 것은 처음 봤다"라고.

5

나는
공무원이다

　　　　　본청에 전입한 지 6개월이란 시간이 흘렀을 때 팀장님을 포함하여 같은 팀에 근무하던 분들 모두 다른 부서로 인사이동이 되었다. 이번에 새로 오신 팀장님은 상당히 마음이 따뜻한 분이었고, 조용하게 일을 지시하면서도 추진력이 있었다.

　하루는 홍보 업무를 담당하는 부서에서 홍보 우수 사례를 공모한다는 공문이 왔다. 공문을 대략적으로 읽어보고는 '아, 우리 과는 해당 사항이 없구나' 하고 접수만 해두었다. 그런데 갑자기 새로 오신 팀장님께서 나를 부르더니 그 공문 얘기를 꺼냈다.

　나는 당연한 듯이 "우리 과는 해당이 없습니다"라고 말씀드렸다. 그러자 팀장님은 과에 특별한 내용이 없으면 무엇이든 만들어서라도 공모전에 응모해 보자고 했다. 나는 일단 알겠다고 말씀드렸다.

'뭘 해야 하지?' 곰곰이 생각하다 우연히 부서의 한쪽에 놓여 있던 문서 폐지함을 보았는데, 그 위에는 우리 교육청 연수원에서 최근에 발간한 〈나는 교사다〉라는 제목의 간행물이 놓여 있었다. '그래! 이 제목이다.' 그러고는 우리 과에서 제출할 '홍보 우수 사례' 공모전 제목을 "나는 공무원이다"로 결정했다.

약 2시간에 걸쳐 '홍보 우수 사례' 공모전 참가를 위한 기획안을 완성했다. 1장짜리 기획안을 작성하면서, 마음속으로는 다른 팀장님이 내가 기획한 아이디어를 극구 반대하기를 바라는 마음이었다. 계획대로 실행하자면 담당별로 2명씩 본인의 글과 사진 3장을 제출해야 했으니, 그 당시의 본청 분위기에서 '과연 이것이 가능한 일인가?'라는 물음이 나올 수밖에 없었다.

'당연히 다들 반대하겠지.'

간부회의 시간이 되었다. 2시간 만에 만든 A4 한 장짜리 계획안 요약본을 출력해서 팀장님 네 분에게 배부했다. 그것을 한참 읽어보던 팀장님들이 나의 예상과는 다르게 아이디어가 아주 좋다며 바로 실행에 옮기자고 했다.

그 공모전에 응모하는 것을 나는 두 번이나 반대했지만, 이미 윗

선에서 결정한 사항이었기에 실행하는 수밖에 없었다. 계획대로 과 선배들을 닦달해서 원고를 받았고, 도저히 못 쓰겠다고 하는 분들은 직접 대필까지 해주었다. 나는 시간 내에 완성해야 하는 의무가 있었기 때문이다.

원고는 받는 대로 작성해서 블로그 포스트에 비공개로 저장해두고, 집이나 직장에서 몇 번의 수정을 거쳐서 결국 "나는 공무원이다" 블로그 포스트를 완성했다.

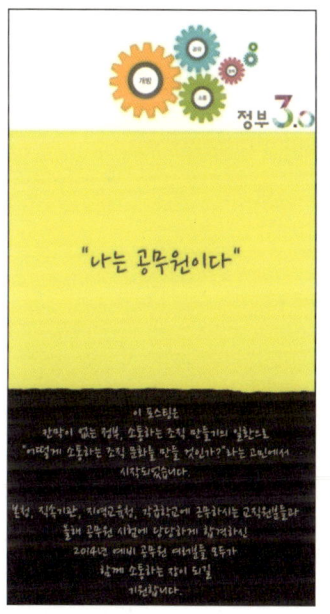

"우연은 준비된 사람에게만 주어진다."

저는 경북대학교 사학과ROTC를 졸업하고 2년 4개월간의 군복무를 마친 후, 1년 2개월간 일반 기업에서 근무했습니다. 그 당시 교육행정직 공무원이 되고 싶은 마음이 간절하여 무작정 노량진으로 상경했습니다. 다행히 2년 남짓한 수험 생활을 마치고, 2007년 교육행정직 공무원에 합격했습니다.

첫 발령을 중고병설학교였던 상주 중모중·종합고등학교로 받아 1년 9개월을 근무했고, 구미정보고등학교에서 2년 3개월을 근무한 후, 2011년 7월 본청 행정예산과에 전입하여 현재까지 조직관리담당에서 2년 6개월간 근무 중에 있습니다.

학교에서 근무하는 4년이라는 시간 동안 여러 차례 공모전이 있었습니다.

- 2007년 혁신 실천사례 공모전 최우수상
- 2008년 대한적십자사 헌혈유공장 은장(※ 헌혈 30회 이상)
- 2010년 공무원 제안 공모전 우수상(창안등급 외)
- 2011년 지식경제부 주최 '범국민 에너지절약 아이디어' 공모전 1차 선발(22건/5,680건)

업무 외적으로 또 다른 목표로 삼았던 분야는 제 삶의 활력소가 되었고, 이러한 성과를 바탕으로 제가 근무하기를 희망했던 본청에 전입할 수 있었습니다.

지난 2년 6개월간 본청에서의 시간들을 돌이켜보면 참 좋은 분들과 근무했다는 것, 앞으로도 늘 한결같이 열심히 업무에 최선을 다해야겠다는 것을 느낍니다.

그동안 가장 기억에 남는 일은 2011년 청원단합대회에서 과별 장기자랑을 준비했던 일입니다. 우리 행정예산과는 '미래소년 코난' 노래에 롤리폴리 춤을 가미한 율동을 준비했습니다. 쉽게 익힐 수 있는 동작들을 곰곰이 떠올려 안무를 새로 짜고, 소품은 아내한테 준비해 달라고 부탁해 놓고 며칠간 율동 연습을 하고 나니 입술이 부르트고 난리도 아니었습니다. 가끔 거울을 볼 때마다 입술 주위에 남아 있는 상처의 흔적을 보며 그때의 열정을 떠올려보곤 합니다.

교육행정직 공무원으로 임용된 지 6년 반이란 시간이 지났습니다. 문득 가장 기본적인 것부터 점검하고 기본에 충실한 공무원이 되어야겠다는 생각이 들었습니다. 매일 기안해서 올리는 공문서부터 제대로 알고 바르게 써야겠다는 마음에 '공문서 바로 쓰기' 관련 책자를 시간 날 때마다 반복해서 보고 있습니다.

2007년 당시 공무원 신규 채용 면접을 준비할 때 "행복한 사람과 불행한 사람을 구분해 보라"는 질문이 있었습니다. 제가 생각하는 행복한 사람은 '목표가 있는 사람'입니다. 목표가 있는 삶은 분명 오늘보다 더욱 발전된 내일로 우리를 인도해 줄 것입니다. 자신만의 목표를 가지고 2년, 5년, 10년 후 자신의 모습을 그려보며 현재에 맡겨진 업무에 최선을 다하시길 바라겠습니다.

— "나는 공무원이다" 중에서

'홍보 사례'는 이제 완성했으니 이것을 '우수 사례'로 탈바꿈하는 작업이 필요했다. 내가 아는 모든 수단과 방법을 동원해서 홍보에 집중했다. 주말에 집에서 빨래를 널면서도 계속 '홍보' 생각뿐이었다.

'얼마나 효과적으로 더 널리 알릴 것인가?'

본청 행정자료실에서 홍보 관련 서적 3권을 찾아서 읽기 시작했다. 그 당시에 행정안전부 페이스북 담당자와 통화해서 행정안전부 페이스북에 소개할 글을 부탁하기도 했는데, 물론 거절당했다. 인근 시도교육청 홍보 담당자와 통화해서 역시 시교육청의 페이스북과 블로그에 소개할 글을 부탁했다. 검토하겠다고 해놓고서는 연락이 없었다. 그나마 다음Daum 카페 9꿈사 게시판 담당자와 몇 번의 쪽지와 이메일을 주고받은 끝에 교육행정직 공무원 수험생들이 한 번에 알아볼 수 있는 '공지'로 안내 글을 띄울 수 있었다.

아무도 시키지 않았던 보도자료를 작성하기 시작했고, "나는 공무원이다" 블로그 포스팅 제작과 관련된 보도자료 1건을 제출했다. 어느 정도 시기가 지났을 때 이 포스팅이 '처음 제작했는데 인기가 있다'는 보도자료를 추가로 작성했다. 본청 급식소 알림판에도 홍보 글을 붙였고, 증빙 사진과 자료를 차곡차곡 모아갔다. 이런 실적을 바탕으로 "나는 공무원이다"라는 '홍보 사례'는 획기적이고 창의적인 '홍보 우수 사례'로 바뀌어가고 있었다.

여기서 끝이 아니었다. 하얀 종이에 제목만 적혀 있는 실적 보고서가 남아 있었다. 꼬박 이틀 걸려서 10장짜리 실적 보고서를 완성했다. 그동안 모아둔 실적과 증빙자료를 바탕으로 한글 프로그램에서 안 써본 기능까지 동원해 가며 마지막 제출일까지 수정하고 또 수정해서 실적 보고서를 완성했다.

마침 감사과에서 가장 높은 감사국장님께서 우리 과로 전화를 했다. 바로 옆의 직원이 전화를 당겨 받았는데, 국장님께서 "나는 공무원이다"를 누가 기획했는지 궁금해하셨다. 옆에 있던 내가 그 직원에게 잘 얘기하라는 눈치를 줬다. 우연히 전해 듣게 되었는데 국장님께서 감사과 회식 자리에서 다른 과는 홍보 우수 사례를 이렇게 잘 만들었는데 감사과는 뭐 하고 있냐고 한 소리를 하셨다고 한다.

"나는 공무원이다" 블로그 포스팅은 교육청 메신저로 소속 기관에 관련 링크를 뿌리기 시작해서 한 달이 채 안 되는 기간 동안 조회 수 5,500여 회를 기록했다. 어떤 사람들은 내가 본청에서 혼자 튀려고 이런 것들을 전부 기획했다고 했다. 분명히 다시 말하지만 나는 팀장님의 지시로 한 것이고, 이왕 하는 김에 제대로 해서 성과를 내고 싶었을 뿐이었다.

이제 심사만 남았다. 문제는 심사 기준이었는데 1년치 보도자료 실적이 60%, 창의성과 파급성이 40%였다. 우리 과는 일상적인 업무를 담당하는 부서라서 특별한 사안이 없었기 때문에 다른 과와 비교해서 보도자료 실적이 10%에도 못 미쳤다. 결국 창의성과 파급성이라는 지표가 아무리 우수해도 이미 보도자료 실적에서 결론이 나기 때문에 다른 과를 이길 수는 없었다. 기대에 못 미치는 결과를 받았다.

  다만, 시상 결과와는 별개로 난 이미 이번 "나는 공무원이다" 블로그 포스팅 제작과 홍보, 실적 보고서 작성을 통해 절반 이상의 성공을 거두었다. 한 달 동안 나와는 전혀 관계없다고 생각했던 '홍보'라는 분야에 새롭게 접근하고 집중할 수 있어서 좋았다. 더구나 심사 결과를 기다리는 한 달 동안 기대하는 마음으로 행복했다. 맡겨진 분야에 열정을 다해 집중하는 나를 바라보는 부서원들의 시선은 긍정적일 수밖에 없었다.

6

감사관 직위에 공모하다

    과장님께서는 회식 때 부서 직원들에게 격려의 말씀을 해주시곤 했다. 항상 다른 직원들 앞에서 하시는 말씀이 '7급으로 빨리 승진시켜라'였다. 물론 과장님께서 승진시키라고 해서 승진이 되는 것은 아니다. 승진은 항상 정원과 현원의 숫자가 맞아떨어져야 가능하다. 다만, 부하직원의 승진에 관심을 기울이는 과장님을 모신다는 것은 행운이었다. 사실 신경 안 쓰는 상사들이 더 많기 때문이다.

  학교 근무 경력을 4년 채우고 8급으로 본청에 전입한 지 1년 6개월 만에 7급으로 승진했다. 필기 점수가 안 좋아서 2차 발령 대상자였고, 1차에 발령받은 동기들이 100명이 넘었지만 7급으로 승진한 것은 나 혼자였다. 본청 우리 부서에 8급이 1명밖에 없다 보니 부서 근평에서 1번으로 올라갈 수 있었다. 그렇게 근평을 몇 번 받다 보니 교육지원청이나 학교에 근무했던 동기들보다 승진 순번이 빨랐다. 물론 첫 발령 때 취득했던 사회복지사 2급 자격증도 가점으로 적용되었는지 모른다.

이렇게 생각지도 않게 승진을 하고 보니, 인생은 '선택'과 '우연'의 연속이 만들어낸 결과물 같다는 생각이 들었다. 집 가까운 곳에 근무하기 위해서 계속 내신을 내지 않았더라면, 본청에서 오랜 기간 근무했던 실장님을 두 번째 학교에서 만나지 못했더라면, 저녁 식사 자리에서 본청의 인사과 근평 담당자였던 그분에게 3분 PR을 할 용기를 내지 않았더라면, 현재의 나는 생각할 수 없을 것이다.

7급 승진 대상자로 확정되었을 때 비록 총 경력은 짧지만 감사과에서 근무하고 싶다고 팀장님께 말씀드렸다. 그 당시 감사과 국장님은 업무적으로 상당히 뛰어난 분이셨고, 본청 직원 중에 같이 근무하고 싶은 직원들에게 본인이 직접 연락해서 감사과 지원서를 받는다는 소문이 돌았다. 물론 감사과에 지원해서 떨어지는 본청 직원들도 종종 있었다. 한번 떨어지면 꼬리표(?)가 붙는 것은 감수해야 했다.

나는 감사과에 공모 지원서를 냈다. 며칠 후에 알게 된 사실이지만, 우리 팀장님께서 내가 그동안 만들었던 "나는 공무원이다" 기획안과 실적 보고서를 모두 출력해서 보따리에 싸 들고, 감사과 국장님을 직접 찾아뵙고는 이렇게 말씀하셨다고 한다.

"이 직원은 감사과에서 꼭 뽑으셔야 합니다."

며칠 후 나는 감사과로 발령이 났고, 내부에서도 가장 선호하던 선임계였던 청렴윤리담당에서 근무하게 되었다. 지금까지 공직생활을 돌이켜보면 늘 중요한 시기에 항상 주변에서 적극적으로 도와주는 분이 꼭 한 분씩은 있었다.

7

기획의 시작

　　　　　　감사과 청렴윤리담당에서 청렴 교육, 청렴 홍보, 공립 감사 등의 업무를 배정받았다. 감사과에 근무한 지 일주일 만에 감사관실 블로그를 만들겠다고 국장님께 말씀드렸다. 기존에 사용하던 페이스북만으로는 청렴 홍보를 제대로 할 수 없다는 생각에서였다.

'창의적으로 생각하고 효율적으로 일하자!'

본청 행사로 매년 1월에 정기적으로 하는 '청렴 다짐 선서문'을 우연히 읽어보다가 '청렴 다짐 릴레이'를 새롭게 기획했다. 대학교 시절 홈페이지 작업을 하면서 간단한 이미지는 직접 디자인해서 만들었기 때문에 이번에도 대표 이미지를 직접 만들고 새로운 기획안을 작성했다. 우리 교육청 8~9급 공직자들을 대상으로, 청렴 다짐과 앞으로 공직 생활의 포부, 청렴 실천 우수 사례 등을 작성해서 제출하면 본청, 직속기관, 교육지원청 순서대로 감사과 블로그에 게시하고, 페이스북을 통해 전 교직원을 대상으로 홍보한다는 내용이었다. 중간중간에 진행이 잘 안 되는 기관은 완성할 수 있도록 독려했다. 결과적으로 '청렴 다짐 릴레이'는 일반직 공무원 280여 명이 참여하여 성공적인 결과물을 만들어낼 수 있었다.

나는 무엇이든지 기존에 없던 새로운 것을 만들려고 했고, 전임

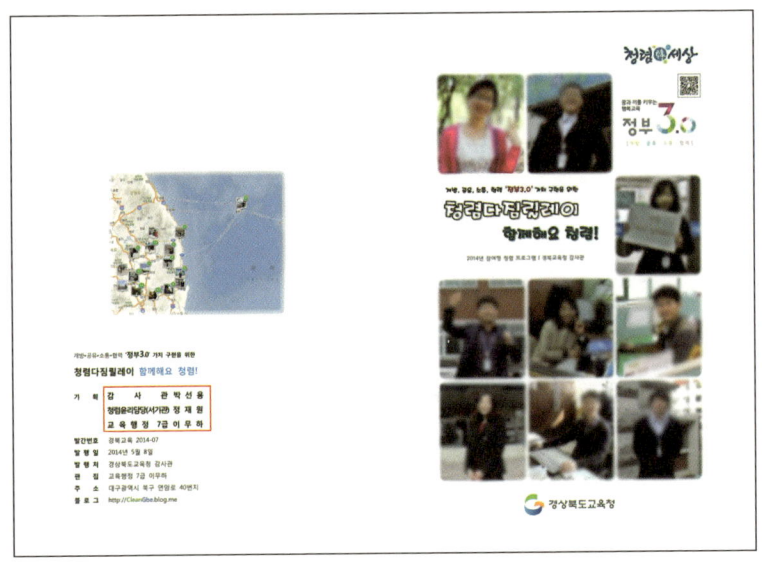

자였던 선배들이 기안했던 한글 서식도 틀부터 전부 바꾸고 업무를 시작했다. '청렴 다짐 릴레이' 계획을 당시 과장님께 보고드렸을 때 "오~ 괜찮은데~"라며 바로 결재해 주셨다. 당연히 국장님께서도 "오케이(OK)" 하셨다.

'청렴 다짐 릴레이'는 기존 청렴 홍보를 완전히 바꾼 형태였다. '청렴'이라는 개념을 일방적으로 전달하는 것이 아니라 직접 참여하고 자기의 이야기를 함께 나누는 참여형 스토리텔링 형식으로 기획한 것이었다. 처음 기획할 때는 '이것이 우리 교육청에서 가능할까?'라는 생각도 했다. 하지만 나는 이미 본청에서는 절대 불가능할 것 같은 "나는 공무원이다"를 성공시켰기 때문에 같은 맥락이라면 충분히 가능한 일이라고 믿었다.

두 번째 기획은 '청렴? 생각나는 대로 쓰기' 공모전이다. 평소 어렵게 느껴졌던 '청렴'에 대해 쉽게 접근할 수 있는 기회를 마련하고 공감대를 형성해 보자는 취지였다.

이렇게 추상적인 단어인 '청렴'을 주제로 소속 구성원들이 자기의 이야기를 풀어가는 참여형 스토리텔링이었다. 그리고 한 가지 과제가 남았다. 바로 공모전 결과 발표 후에 관행적으로 인쇄하여 소속 기관별로 직접 배포하던 우수 사례집을 내가 직접 한글로 본문 편집을 하고 표지 디자인까지 만들어서 전자책(e-book) 형태로 발간하는 것이었다. 인쇄된 우수 사례집은 어딘가에 꽂혀서 사라지기 때문에 그 예산이 너무 아까웠다. 이외에도 여러 가지 청렴 정책과 관련해서 새로운 시도와 도전을 했는데, 그 당시 적었던 글을 돌이켜보면 감회가 새롭다.

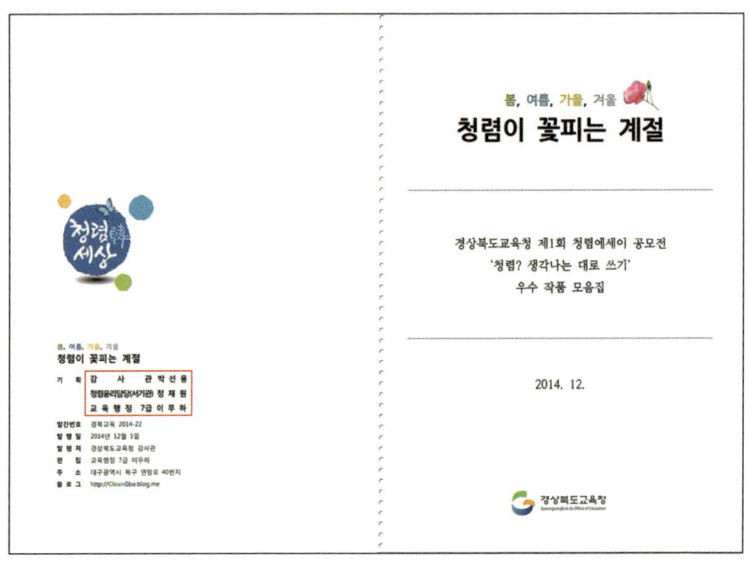

지금은 새벽 0시다. 대충 잠을 청하고 아침이 오면 내일 일찍 출근해서 '오늘 생각한 것들을 적용시켜서 완성해야지' 그런 두근거림에 잠을 설친다. 가만히 생각해 보니 대학교 2학년 때 내 홈페이지를 만들고 새롭게 리뉴얼하고 업로드하기를 반복했던 그 시절의 설렘 같기도 하다.

안 피곤할 줄 알았는데 아랫입술이 부르텄다. 그동안 피곤하긴 했나 보다. 가끔 새로운 아이디어로 표현한 작품이 왠지 그럴듯하게 느껴질 때 나 스스로에게 감탄할 때가 있다. 이번 청렴 에세이집이 그렇다. 제목과 글의 구성이 누가 봐도 제법 그럴듯해서 무척이나 마음에 든다.

"그거 하나 만드는 데 뭘 그리 정성을 쏟냐?"라는 질문에 난 이렇게 대답한다. "장인 정신으로 최선을 다해서 만들고 있다"라고.

감사관실에서 하고 싶은 일을 마음껏 할 수 있었던 것은 어떤 기획을 하든지 항상 긍정적으로 격려해 주신 국장님이 계셨기 때문이다. 훗날 부서에서 준비한 국장님의 퇴임 환송회 자리에서 국장님께서는 내가 기획해서 올리는 결재는 무엇이든지 의도적으로 많이 밀어주려고 노력했다고 말씀하셨다. 가슴이 뭉클했다.

이런 국장님과 함께 근무한 덕분에 그해는 내가 기획하는 것이면 무엇이든지 공문으로 시행되었고, 보도자료까지 나왔으니 이렇게 신나게 일해 본 적이 있을까 싶을 정도였다. 부하직원의 새로운 생각을 '막는' 상사가 있는가 하면, 새로운 생각에 '날개'를 달아주는 상사가 있다. 그런 점에서 난 정말 복이 많은 사람이었다.

8

업무를
개선하라

    감사과에서 2년 차를 시작하면서 '청렴' 공모전을 확장시켜야겠다는 생각을 했다.
  '어떤 주제가 좋을까?'
  전임자의 컴퓨터 파일에는 공무원이 '소극행정'을 했을 때 주의나 경고를 줄 수 있는지를 전담TF팀을 구성해서 검토한 자료가 있었다. 아무리 읽어봐도 구체적으로 어떻게 할 수 있는 사안이 아니었다. 적극행정을 하다가 오히려 지적받는 공무원들은 많이 봤어도 소극행정을 한다고 징계를 줄 수 있을까? 아니었다. 그냥 넘어갈 수밖에 없다. 감사는 규정에 따라서 서류 확인 작업을 거치기 때문에 소극행정을 하는 사람은 서류 자체가 없어서 지적조차 할 수 없는 것이 현실이었다.

사고의 전환이 필요했다. 소극행정을 하는 사람을 벌 주는 것보다 더 좋은 방법은 적극행정을 하는 사람을 칭찬하고 상을 주는 것이다. 그런 생각으로 새롭게 기획한 것이 '적극행정 우수 사례' 공모전이다. 감사과에서 처음 시행하다 보니 '청렴'이란 글자를 제목에 붙여서 '청렴! 적극행정 우수 사례' 공모전 기획안의 취지를 국장님께 설명드렸다. 기획안이 통과되어서 2015년 2월에 우리 교육청에서 바로 시행했다. 전국에서 처음으로 우리 교육청에서 시행하는 것이었다. 최근 4년간 적극적이고 창의적인 업무 처리 사례를 공모 대상으로 삼았는데, 그 결과 총 36건이 접수되었고 7건을 시상했다. 그리고 그해 6월에 '적극행정 우수 사례집'을 발간했다. 한 번 보고 버리는 인쇄 책자의 예산이 아깝다는 생각에 혼자 밤낮으로 며칠 동안 직접 편집해서 완성한 전자책이었다.

'적극행정 우수 사례' 공모전은 내가 업무를 하는 동안 우리 교육청에서 2016년 3월까지 총 2회를 개최했다. 2016년 8월이 되자 인사혁신처에서 '적극행정 우수 사례 경진대회'를 개최한다는 공문이 왔다. 중앙부처인 인사혁신처보다 먼저 이미 1년 전에 우리 교육청이 전국 최초로 시행하고 있던 것이었다. 남들보다 한 발 앞서 나가는 사고, 이것이 진정한 기획이 아닐까?

바로 이어서 '나의 청렴 스토리' 공모전을 시행했다. 지난번 8~9급 공무원을 대상으로 성공적으로 시행한 '청렴 다짐 릴레이'를 새롭게 보완하고 참여 대상을 각급 기관, 공사립 교직원, 학부모, 학생까지 확대하여 시행하기로 했다.

'나의 청렴 스토리' 공모전은 청렴을 주제로 자신의 생각을 자유롭게 작성하고 사진, 그림, 영상 등을 첨부하는 '블로그 포스팅' 형식으로 우리 교육청에서 처음 기획한 것이다. 응모 결과 학생 546건, 일반직 280건, 교원 185건, 학부모 16건 등 총 1,027건이 접수되었다. 공모전에 참여한 작품 중 우수 작품 95편을 선정하여 284쪽 분량의 전자책 e-book으로 발간했다. 물론 표지 구성부터 본문 내용까지 내가 직접 편집했다.

'청렴'에 대한 생각을 직접 손글씨로 써서 사진으로 찍었는데 이 사진을 보고 서울 모 구청 감사과에서 전화가 왔다. 본인 생각에 글귀가 너무나 맘에 와 닿아서 구청 감사담당관실에서 발간하는 감사 사례집에 표지로 써도 되는지 묻는 전화였다.

어느 날 조용한 오후, 사무실에서 "따르릉" 전화벨이 울렸다. 앞에 있던 직원이 전화를 당겨 받았다. 경찰서라고 하는데, 바로 "담당자 바꿔드릴게요"라는 말에 불안감이 엄습했다. 그 담당자가 누굴까?

바로 내 앞에 놓인 전화기가 소리를 내며 주황색 불을 내뿜었다. 전화를 받으니 자신을 모 지역 경찰서의 아무개라고 소개했는데, 그 순간 속으로 별로 반갑지 않았다.

다행히도 별일 아니었다. 뉴스를 검색하다가 우리 교육청 보도자료를 봤는데 '나의 청렴 스토리'가 좋은 아이디어라고 생각해서 벤치마킹을 하고 싶다는 것이었다.

모 지자체에서는 내가 그동안 새롭게 기획했던 청렴 홍보 관련 자료를 모두 요청했다. 기관 담당자로서 다른 기관에서 요청이 들어오면 친절하게 다 줘야 한다. 그래야 청렴 우수 사례를 다른 기관으로 전파한 실적으로 남길 수 있기 때문이다. 계획서, 보도자료, 전자책 발간 자료 파일까지 모두 묶어서 이메일로 보내주었다.

가끔 일을 하면서 허탈한 경우도 있다. 앞서 시행한 '적극행정 우수 사례' 공모전은 모 기관에서 연락도 없이 계획서부터 붙임물 작성 서식까지 그대로 베껴서 시행한 경우도 있었다.

내가 새롭게 기획하고 실시했던 기획안들이 다른 기관에서 벤치마킹의 대상이 된다는 사실은 공무원으로서 참 보람되고 뿌듯한 일이었다.

9

위기를
기회로

　　　　　감사과에서 부서 만기인 3년간 근무한 후 6개월만 유예하기로 했다. 2017년 1월, 새로운 팀장님이 부임한다는 소식과 함께 오시기도 전에 그분의 명성에 팀원들 모두 긴장하고 있었다. 그분과 예전에 다른 과에서 같이 근무했던 선배 공무원에게 연락했다. 그 선배가 이번에 새로 오실 팀장님에게 예쁨을 독차지했다는 소문이 있었기 때문이다.

"그분한테 어떻게 했길래 예쁨을 받았다는 소문까지 들리나요?"

그러자 그 선배 공무원은 이렇게 얘기했다. "내가 인생을 살면서 그렇게 혼나본 적이 없었어." 예쁨을 받았다고 소문이 난 사람이

이 정도였다면 난 어떻게 해야 한단 말인가?

그분이 우리 팀장님으로 오시고 나서야 그 말을 실감했다. 팀원들 모두 긴장한 상태로 하루하루를 보냈다. 지난 3년 동안 그렇게 마음 편하게 근무하던 곳이었는데 6개월을 유예하면서 순간순간 이 살얼음판을 걷는 기분이었다.

하루는 팀장님께서 우리 팀에서 감사 처분이 나간 사항 중에 현재까지 이행되지 않은 건을 정리해서 가져오라고 지시했다. 그때까지는 그런 서류를 정리해 놓는 사람이 딱히 없었다. 그래서인지 다들 나를 쳐다봤다. 그렇다. 난 여전히 팀의 막내였던 것이다. 어찌 된 내용인지도 모르고 서류를 찾아서 정리하기 시작했다.

우리 팀에는 미이행 건이 딱 1건 남아 있었는데 내용을 살펴보니 다음과 같았다. 2015년 7월에 자율학습 수당 지급 건에 회수 처분이 내려갔고, 최종 이행 기한까지 4명이 반환을 거부하여 미이행 금액은 260만 원에 달했다. 2016년 1월 처분 이행 촉구 공문을 재차 발송했다. 강제할 수 있는 방법이 없으니 공문으로 독촉할 수밖에 없는 상황이었다.

2016년 6월, 반환을 거부했던 4명 중 2명이 납부를 완료했다. 이제 2명만 남았는데 문제는 그 2명이 현재 근무했던 기관에서 퇴사하고 다른 지역으로 근무처를 옮긴 후였고, 감사 처분 사항이 납득되지 않는다며 납부를 끝까지 거부하여 미이행 금액은 176만 원이 남은 상태였다.

　금요일 오후, 나는 작성 서식에 따라 관련 내용을 꼼꼼하게 정리한 후에 팀장님께 서류를 들고 갔다. 팀장님께서는 우리 팀에서 유일하게 미이행된 1건을 찬찬히 읽어보시더니 매서운 눈초리로 말씀하셨다.

　"왜 이걸 아직까지 회수하지 못하고 있나요?"

　난감했다. '저는 그냥 팀장님께서 정리해 오라고 하셔서 정리한 것뿐인데요'라고 마음속으로 외치고 있었지만 차마 말로 내뱉을 용기는 없었다.

　그것은 현재 다른 부서로 옮긴 선배 공무원이 내린 처분이니, 그 후임자에게 물어봐야 하는 내용이었다.

　우리 팀원들은, 당황해하며 서 있는 나를 보며 '화이팅!' 하는 손짓으로 응원(?)을 보내고 있었다.

　갑자기 감사과에서 남은 다섯 달이 꼬일 것만 같다는 생각이 들었다. 어떻게든 이 상황을 해결해야겠다는 생각밖에 없었다. 자리에 돌아와 내가 쓸 수 있는 카드가 무엇인지를 하나하나 계산해 보았다. 예전에 재무과에 근무했던 세입 담당자에게 물어보니 이런 경우에는 '내용증명', '급여 가압류' 등의 방법이 있다고 알려줬다.

　혼자서 이런 방법들의 개념 정리를 다시 해보며 우리 교육청에 고문 변호사가 4명 있다는 사실도 떠올렸다. 그날 저녁 감사원에 현직으로 근무하는 사촌형에게 이 처분에 절차상 하자가 있는지도 물어보았다. 당장 해결할 수 없는 상황이 너무나 답답할 뿐이었다.

힘겹게 주말을 보내고 월요일 아침이 되었다. 미이행 관련자 중 한 명에게 직접 전화를 걸었다. 내가 현재 담당자임을 설명하고 원하는 것을 물었더니 그 당시 처분을 내렸던 실제 감사관과 통화를 요구했다. 두 사람이 직접 대화해 보면 일이 잘 해결될 것 같은 마음에 감사 처분을 내렸던 선배 공무원과 전화를 재빨리 연결해 주었다. 실낱같은 희망으로 말이다. 한참을 둘이서 통화했지만 서로의 입장은 결국 평행선을 달릴 뿐이었다.

이번에는 좀 더 강압적으로 나가야겠다는 생각으로 두 번째 통화를 시도했다. 통화가 연결되자 급여 가압류부터 우리 교육청에 고문 변호사가 4명이나 있다는 사실을 늘어놓았다. 상대를 최대한 압박해서 해결해 보겠다는 승부수였다. 그러나 여전히 받아들여지지 않았다. 별다른 성과 없이 그렇게 통화를 종료했다.

다음 날, 어제 통화 중에 들었던 내용들을 곰곰이 생각해 보았다. 그 사람이 원하는 답변은 두 가지였다. 감사를 두 차례 받았는데, 첫 번째 감사에서 지적하지 않은 사항을 다음번 감사에서 지적한 이유, 그리고 감사 지적 사항에 대해 당사자를 불러서 소명할 기회를 주지 않고 일방적으로 처분한 것에 대한 불만이었다.

마침 감사로 다른 기관에 출장 중이었던 터라 당직실에 가서 전화를 걸어 차분하게 대화를 다시 시도했다. 강압적인 방법도 안 통했으니 이번에는 최대한 부드럽게 설득해 보려는 의도였다.

첫 번째 사안은 두 번의 감사가 착안 사항이 각각 달랐던 점을 확인하고는 그 부분을 이해시키려고 자세히 설명했다. 그러자 그 부분은 본인도 충분히 이해했다고 했다. 두 번째 사안을 설명하기 전에 먼저 사과부터 했다. 감사를 할 때 지적 사항이 있으면 당사자를 직접 불러서 관련 규정과 처분 내용을 충분히 이해시키고 처분이 나갔어야 했는데 이 부분이 잘못되었고, 앞으로 이런 일이 발생하지 않도록 국장님께 보고해서 개선하겠다고 했다.

그러자 그분이 내 얘기를 듣더니 갑자기 이렇게 말하는 것이었다.

"다들 돈만 내놓으라고 했지, 지금까지 아무도 이렇게 이야기해 준 사람이 없었습니다."

그러고는 지금까지 버텨왔던 돈을 선뜻 내놓겠다고 했다. 그리고 나머지 한 명에게는 내가 별도로 연락할 필요가 없다고 했다. 자기와 친한 동생이라서 본인이 직접 얘기하겠다고 했다. 나는 마지막으로 이번 건은 아주 급한 사안이니 이번 주 금요일 오후 2시까지는 꼭 입금해 달라고 부탁했다.

며칠 후 감사 처분이 나갔던 학교에서 연락이 왔다. 마지막까지 우리 팀에서 미이행 건으로 유일하게 남아 있던 176만 원 입금을 확인했고, 감사 처분 이행 완료 공문을 접수했다.

1년 6개월 이상을 끌어왔던 176만 원을 새로 오신 팀장님 지시로 단 4일 만에 해결했다. 새로 오신 국장님께도 직접 전화로 보고했다. 팀장님께서 나를 보는 시선이 달라졌음을 느꼈다. 선배들이 그동안 못 했거나 혹은 시도조차 하지 않았던 것을 내가 한 번에 해결했기 때문이다. 그날 이후로 나는 팀장님께 업무적으로 하고 싶은 얘기를 당당하게 할 수 있었다. 팀장님께서는 늘 내 말에 귀 기울여주셨다. 언젠가 비서실에서 근무하는 후배가 새로 오신 국장님께서 나를 대체할 사람이 없다고 칭찬하고 가시더라고 귀띔해 주었다.

　내 업무 중에 가장 큰 행사는 교장 선생님들을 대상으로 진행하는 권역별 청렴 교육이다. 규모가 큰 행사인 만큼 우리 팀 전체가 행사에 동원되었는데 정작 교육이 시작되고 나서는 다들 할 일이 없어서 담당자인 나를 제외하고는 행사가 끝날 때까지 밖에서 대기하고 있었다. 행사를 진행하면서도 상당히 비효율적이라는 생각이 들었다. 그래서 올해는 같은 행사를 계획하면서 팀장님께 작년의 비효율적인 운영과 관련하여 담당자인 나 외에 여직원 1명만 가서 행사를 준비하겠다고 말씀드렸다. 물론 2명이서도 충분히 효율적으로 행사를 잘 준비하고 마칠 수 있었다.

　팀장님께서는 유난히 같은 팀에 있던 선배들에게 호통을 많이 치셨다. 조용히 얘기해도 충분히 알아들을 수 있는데도, 굳이 옆에 있는 다른 팀까지 들릴 만큼 큰 목소리를 내면 팀 전체 분위기가 움츠러들 수밖에 없었다.

그런 날이 반복되는 가운데 하루는 모 지역에 감사를 나갔을 때였다. 팀장님께서 나를 부르시더니 그날 저녁에 그 지역의 8급 이하 공무원들과 식사 자리를 가질 수 있는지 물었다. "네, 식사하셔도 됩니다"라고 말씀드리자 "자네는 같이 갈 수 있는가?"라고 다시 물었다. "저는 괜찮습니다"라고 말씀드렸다.

굳이 감사가 끝나고 저녁 시간까지 팀장님을 모시고 싶은 생각은 없었다. 더 중요한 사실은 첫째 아이가 아직 어려서 매번 감사를 갈 때마다 매일 집까지 출퇴근하던 터여서 마치는 대로 빨리 집에 가야 한다는 생각밖에 없었다.

팀장님께서 물었다.

"자네들은 왜 나를 싫어하나?"

그래서 이렇게 말씀드렸다.

"<u>팀장님, 이 사람 최대 능력치가 90%입니다. 이 사람을 뭐라고 하신다고 능력이 100%로 올라갈까요? 전 그렇게 생각하지 않습니다. 차라리 이 사람의 능력치를 인정하시고 그 능력만큼 노력하면 칭찬해 주십시오. 그럼 100%가 나올 겁니다."</u>

팀장님은 충격받은 표정이었다. 경력도 얼마 되지 않은 7급 직원이 하늘 같은 4급 과장님께 어떻게 감히 이런 말을 할 수 있겠는가? 팀장님은 6급 선배를 당장 불러오라고 했다.

"차장님, 과장님께서 오시랍니다."

우리 팀의 최고 선임인 선배는 내 말이 떨어지기가 무섭게 당황스러운 표정이었다. 선배와 같이 자리에 앉자마자 팀장님이 큰 소리로 우리에게 쏟아부으셨다. 그런 상황에서 나는 선임 차장님이 우리의 입장을 조금이나마 대변해 주길 기다렸지만 나보다 더 당황스러워하는 모습에 나도 그냥 가만히 듣고 있을 뿐이었다.

다음 날 팀장님이 우리를 대하는 태도가 달라졌음을 느꼈다. 아마도 어제 내가 했던 말을 염두에 두고 인정할 것은 인정하고 마음을 내려놓은 듯했다. 덕분에 팀 분위기가 한결 부드러워졌다.

나는 8급 때 본청에 전입했기 때문에 비슷한 시기에 입사한 공무원들보다 본청 근무 경력이 훨씬 많았다. 감사과에서도 이미 부서 만기인 3년을 채웠고 남은 6개월은 '하던 대로 조금만 버티면 시간이 흐르겠지' 하는 생각도 들었다. 하지만 내 기대와는 달리 새로 오신 팀장님이 나를 가만히 놔두지 않았다. 갑자기 '훅~' 하고 들어오는 업무 관련 질문들이 너무 많아서 즉각적으로 대답하려면 무엇이든 팀장님보다 생각이 한 발 앞서 가야 했다. 이런 긴장감은 보통 군대에 있을 때나 느끼던 것이었다. 공무원이 되어서 이런 상황이 오리라고는 생각지도 못했다.

감사를 나가면 감사관 중 1명을 그 지역의 주민 감사관으로 위촉한다. 주민 감사관이 누가 오는지 보통은 관심사가 아니다. 그냥 제시간에 맞춰 참석해 주면 감사할 뿐이다. 주민 감사관에게 연락하고 참석 여부를 챙기는 것도 팀의 막내인 내 몫이었다.

팀장님은 주민 감사관에 대해 관심이 많았다. 이번 감사 기관에는 주민 감사관이 언제 오고, 누구이며, 무슨 일을 하는 사람이고, 무엇을 중점적으로 보게 할 것이냐는 질문을 던지셨다. 몇 번 질문을 받고 나서는 팀장님께서 묻지 않아도 내가 먼저 관련 사항을 보고했다.

하루는 모 교육지원청에 감사를 나갔을 때였다. 그날은 특별히 국장님께서도 감사장에 방문하셨다. 휴게실에서 감사관들과 잠시 대화를 나누고 바쁜 일정 때문에 먼저 일어나셨다. 천천히 감사장 밖으로 나가시던 국장님은 감사장 한 곳에 비어 있던 주민 감사관 자리를 보고 물었다.

"이번 주민 감사관이 누구지?"

나는 평소 주민 감사관에 관심이 많은 팀장님 덕분에 주민 감사관의 개인 신상을 다 외우고 있었다.

국장님의 질문에 아주 빠르게 "이번 주민 감사관은 김○○이란 분이시고 이 지역에서 ○○일을 하시는 분인데 내일 ○시에 오실 예정입니다"라고 말씀드렸다. 그러자 국장님께서 "내가 아는 분인가?" 하시고는 밖으로 나가셨다. 함께 있던 선배들은 나를 보며 별 이상한 것까지 다 외우고 있다고 생각했겠지만, 그때 제대로 대답하지 못했다면 팀장님께 또 날벼락을 맞았을 것이 분명했다.

내색은 안 했지만 매일 이렇게 긴장한 상태로 근무한다는 것 자체가 힘든 일이었다. 감사과에서 남은 기간이 6개월도 채 안 되는데 마지막에는 긴장감이 극에 달했다. 늘 긴장하고 늘 준비되어 있어야 했다.

유예 기간이 마지막 한 달 정도 남았을 때 다음 부서인 총무과로 내신을 내고 부서를 옮길 준비를 하고 있었다. 당시 본청의 롤모델이었던 선배들이 모두 그랬다. 예산, 계약, 감사 부서를 거쳐서 마지막 인사과에 근무하다가 보통 다른 과에 있던 동기들보다 6개월 빨리 승진하는 모습을 나도 꿈꿔 왔다. 충분히 그럴 가능성이 있다고 생각했다. 그래서 마지막 결승선을 향해 달리는 중이었다.

그런데 새로 오신 국장님이나 팀장님이 보시기에 내가 다른 사람들보다 너무 열심히 잘하고 있었기 때문에, 나를 감사과에 6개월 추가로 유예시킨다는 데 의견을 모았고, 인사 부서와도 이미 협의했다는 소문까지 들렸다. '아, 이건 아닌데……'

앞에 있는 선을 결승선이라고 생각하고 달리고 있는 사람에게 아직 반 바퀴 더 남았다고 한다면 어떤 심정일까? 나는 계획대로 시기에 맞춰서 가야 하는 부서가 있었고 그 목표대로 가고 있었는데 말이다. 급한 마음에 팀장님께 전화해서 어느 과에 보내달라는 부탁은 안 할 테니 제발 가야 될 시점에 붙잡지는 말아달라고 말씀드렸다.

인사 발표가 있기 하루 전날, 모 지역에 마지막 감사를 나갔다가 팀장님과 팀원들이 함께 저녁 식사를 했다. 이미 인사 내용을 아는 사람도 있었을 텐데 아무도 나에게 얘기해 주지 않았다. 불안한 마음에 입맛도 없어서 대충 먹는 시늉만 하고 있었다.

팀장님께서는 본인이 힘이 못 되어 미안하다고 하셨다. 그날 저녁에 겨우 건너 건너서 인사 발령 사항을 들을 수 있었다. 내가 희망하는 부서가 아니었다. 이번에 총무과에 동기가 4명이나 들어가는데도 내 자리는 없었다. 본청에서 가장 오래 근무했고, 가장 열심히 해왔다고 자부했는데 내가 희망하지 않은 부서에 인사 발령이 난 것을 확인하고는 하늘이 무너지는 느낌이었다.

'인사'와 '감사'가 조직에서 중요한 이유는 열심히 일하고자 하는 의지를 꺾어서는 안 되기 때문이다.

감사과에 들어오면서 다짐했던 한 가지가 있다. 내가 하는 감사로 일하고자 하는 사람의 기를 꺾지 말자는 것이었다. 중고병설학교에 초임 발령을 받고 1년 9개월간 본인 도장까지 맡기는 행정실장님 밑에서 그 당시 교무부장과 싸워가며 열심히 일했다. 그 학교가 종합감사 시즌이 되어 감사장에 오라는 연락을 받았다. 그리고 감사를 받은 후 근무하는 학교로 '주의 4개'가 날아왔다. 확인해 보니 감사장에 있던 그 당시 6급 감사관이 이런저런 규정에 걸리는 대로 관련자에게 전부 다 '주의'를 주었기 때문이었다. 아직도 그 감사관을 잊을 수가 없다. 나도 그 학교에서 열심히 잘해 왔다고 생각했는데, 주의를 4개나 받으니 그동안 열심히 했던 1년 9개월이 한순간에 날아가 버리는 느낌이었다.

훗날 우연히 그 감사관을 만났다. 그때 왜 주의를 4개나 주었냐고 물었다. 그 감사관의 대답은 다음과 같았다. "너는 죽었다 깨나도 모를 거야." 그 말을 듣는 순간 열심히 하려는 의욕이 확 꺾였다. 그래서 감사과에 들어가면 그런 감사는 절대 하지 않겠다고, 절대 그런 감사관은 되지 않겠다고 다짐했다.

감사과에서 3년 6개월간 고생했다고 아무도 희망하지 않는 재무과에서 고생 좀 더 하라며 배려(?)해 주었다. 중요한 시기에 감사과에서 배운 것도 많고 좋은 분들도 많이 만났는데 끝이 안 좋았다. '피그말리온 효과'라는 것이 있다. 스스로 1등이라고 생각하며 계속 1등을 유지하려고 누구보다 최선을 다해 노력했는데 인정받지 못한 결과를 보니 자괴감이 드는 순간이었다.

10

절망 속에도 꽃은 핀다

　　　　　　인사 발령을 전해 듣고 상당한 충격을 받았다. 그동안 계획대로 차곡차곡 진행되던 것들이 한 번에 무너지는 느낌이었다. '난 이 조직에서 이 정도밖에 안 되는 사람이었던가?' 같은 팀에 있던 선배는 내가 너무 안타까워 보였는지 그 당시 재무과의 선임 사무관에게 전화를 했다.

"감사과에 같이 근무하던 친구가 오늘 재무과로 발령이 났는데 회계 업무를 해보고 싶다고 합니다."

난 아무런 희망도, 의욕도 없는 상태였다. 선배는 재무과에서는 그나마 회계 업무가 제일 낫다고 얘기하면서 기다려보라고 했다.

며칠 후 재무과 업무분장이 공문으로 게시되었고 나는 회계담당의 교육비특별회계 지출 및 세출 결산 업무를 맡게 되었다. 의외의 결과였다. 다른 과에서 전입하는 사람에게 내부적으로 선호하는 자리에 배치하는 경우는 없었기 때문이다. 당연히 부서에 늦게 들어왔으니 제일 기피하는 자리에 배치하는 것이 일종의 관행이었다. 나보다 재무과에 먼저 근무하고 있던 동기에게 이번 업무분장에 대해 물었다. 내 자리를 희망한 내부 직원이 여럿 있었는데 회계담당의 선임이었던 차장이 나를 선택했다고 했다.

사실 이런 업무분장은 상당히 드문 경우다. 선호하는 자리는 내부적으로 기피 업무를 하던 사람이 희망하면 그 사람을 우선 배정하고 외부에서 들어온 직원에게는 선호하지 않는 자리를 주기 마련이다. 그런데 나는 그 부서에 처음 들어가면서 7급들이 가장 선호하는 자리에서 일하게 되었다. 내가 그 자리를 보고 재무과를 찾아갔다고 하는 사람들도 있었지만, 나는 여러 부서 중에 아무도 가지 않은 마지막 남은 부서에 그저 튕겨져 들어갔을 뿐이었다.

시간이 흘러 업무가 어느 정도 익숙해졌을 때 부서 회식 자리에 참석했다. 그날의 업무분장을 떠올리며 나를 그 자리에 앉힌 선임 차장님께 감사하다고 말씀드렸다. 그분은 본인이 생각하기에 그 자리는 본청 경력이 많은 사람이 맡는 것이 적절하다고 판단했다고 말했다. 그러면서 지금 다시 업무분장을 하라고 해도 똑같이 할 것이라고 덧붙였다. 그동안의 관행과 전혀 다른 업무분장이 재무과장님 결재를 통과했으니 나로서는 참 다행스러운 일이었다.

재무과에서 업무를 시작하면서 교육비특별회계 지출업무 매뉴얼을 작성하기 시작했다. 연중 반복되는 업무가 대부분이다 보니 내 자리에서 하는 모든 업무를 구체적으로 기술한 매뉴얼을 만들면 좋겠다는 생각이었다. 그럴 일은 없겠지만 혹시 내가 갑자기 사라져버리더라도 이 자리에 오는 사람이면 누구든 충분히 업무를 해낼 수 있는 매뉴얼 말이다.

시간이 흘러 일부 팀원들의 인사이동이 있었고, 그해 겨울 우리 교육청의 교육비특별회계 결산 시즌이 돌아왔다. 새로 오신 선임 차장은 과장님과 결산 심사장에 오더니 옆에 있던 휴지통을 한 번 비워주고는 그 후로 보이지 않았다. 한 달이라는 결산 심사 기간 동안 나 혼자서 본청 10개, 직속기관 10개, 교육지원청 23개 기관의 세출 결산 심사를 해야 했다. 매일 예정된 시간에 심사를 받기 위해 각 기관 담당자들이 도착했고, 순서대로 줄을 섰다. 혼자 업무를 쳐내자니 너무 힘들었다. 쉬는 시간은 고사하고 화장실을 갈 때도 양해를 구하고서야 잠시 자리를 비울 정도였다.

그렇게 결산 심사가 끝나고 결산서를 항목별로 작성하기 시작했다. 그런데 사실 전임자도 딱 한 번 결산을 하고 부서를 옮긴 터라 어디가 어떻게 들어맞는지 정확하게 모르는 부분이 많았다. 그렇다고 전임자에게 이것저것 계속해서 물어볼 형편도 안 되었다. 계속비 결산서는 학교마다 데이터가 엉켜 있는 상태였고, 시스템에서 지원하는 자동 산출 기능으로 뽑아본들 오류가 있을 것이 분명했다.

우여곡절 끝에 첫 번째 결산서를 만들어냈고, 의회 결산 심사가 끝나던 날 교육비특별회계 세출 결산 매뉴얼을 만들겠다고 결심했다. 결산 심사와 결산 작업을 진행하면서 그간의 오류나 꼭 기억해야 할 사항을 모두 메모했다가 이번 매뉴얼에 포함해서 만드는 작업을 시작했다. 자체 검증용 엑셀 서식도 별도로 만들어서 배포하여 심사 대상 기관에서 1차로 검증하고 본청 결산 심사에 참석할 수 있도록 안내했다.

결산이 이제 막 끝이 났는데 무언가를 열심히 만들고 있던 나를 보시더니 팀장님께서 물었다.

"결산 끝났는데 뭘 그렇게 열심히 만드나?"

"내년 결산 준비하고 있습니다!"

11

결산 심사 방법을 완전히 바꾸다

　　　　　　의회에서 결산 심사가 통과된 후 결산 심사 과정에서 개선해야 할 부분을 다시 정리하기 시작했다.

　첫째, 혼자서 43개나 되는 모든 기관을 대상으로 교육비특별회계 세출 결산 심사를 하는 것은 상당히 버거운 일이다. 정확한 결산 자료를 만들려면 심사가 가장 중요한 과정이기 때문이다. 선임 차장이 바뀌자 본청 10개 부서의 결산은 새로 온 선임 차장한테 맡기고, 나는 나머지 직속기관과 교육지원청 결산 자료에 집중했다. 정확하게 심사하고 책임을 명확하게 하기 위해서였다.

　둘째, 결산 심사에는 인쇄된 출력물을 심사 자료로 요구했고, 심사 대상 기관의 업무 담당자와 출력물을 같이 보면서 심사를 진행했다. 수정 사항이 있는 경우 빨간 펜으로 표시하여 수정했고, 1차 심사가 완료되면 심사장 뒤편에 준비되어 있는 컴퓨터에서 파일을 수정하여 인쇄한 출력물을 가지고 재심사를 진행했다.

 이것은 상당히 비효율적인 방법이다. 기관 담당자에게 친절하게 설명하고 빨간 펜으로 출력물에 수정까지 해주었는데 정작 뒤편 컴퓨터에 가서는 엉뚱한 것을 고쳐서 출력해 왔다. 다음 기관을 대상으로 심사를 진행하고 있는데 수정을 다 했다고 들고 오면 심사 중간에 그 기관을 처음부터 다시 살펴봐야 했다. 제대로 고쳤는지도 의문이었다. 같은 일을 두 번씩 하는 셈이었다.

다음 해 두 번째 결산을 할 때 이 심사 방법을 완전히 바꾸었다. 심사 대상 기관의 업무 담당자가 심사자와 동시에 같은 화면을 볼 수 있도록 모니터를 추가로 설치했다. 심사 자료 화면을 처음부터 함께 보면서 수정 사항에 대해 설명하고 심사자인 내가 바로 수정했다. 심사 대상 기관의 업무 담당자는 정확하게 답변만 하면 심사는 바로 끝이 났다. 그 자리에서 간혹 정확한 답변을 하지 못하는 경우에는 다시 확인하고 알려달라고 했다. 이 방법으로 한 번에 정확하게 결산 심사를 끝낼 수 있었다. 훗날 지역의 담당자들 사이에서 "본청에서 이 정도까지 다 해주리라고는 생각지도 못했다"는 말이 돌았다.

셋째, 시스템에서 출력되는 '계속비' 결산서는 여러 학교끼리 뒤엉켜 있어서 학교별로 정확한 결산 자료를 산출하기 어려웠다. 2~3개 학교를 하나로 묶어 '○○학교 외 2교'와 같이 시스템에서 자동으로 출력되다 보니 결국 어떤 학교가 얼마인지 정확하게 알 수 없는 상황이었다. 당연히 누가 물어도 제대로 대답조차 할 수 없었다. 첫 결산 직후에 팀장님께서 다음에는 학교를 하나씩 분리해서 계획비 결산서를 작성하라고 강조한 사항이기도 했다. 관련 부서인 예산과로부터 최근 4년간 계속비 데이터를 모두 받아서 학교별로 확인하기 시작했다. 연도별, 학교별로 구분할 수 있는 방법을 찾기로 한 것이다.

본청의 담당자가 모든 내용을 제대로 파악해도 정작 중요한 것은 그것을 실제로 작성하는 사람에게 쉽고 정확하게 알리는 것이었다. 고민 끝에 가장 쉬운 방법을 찾아냈다.

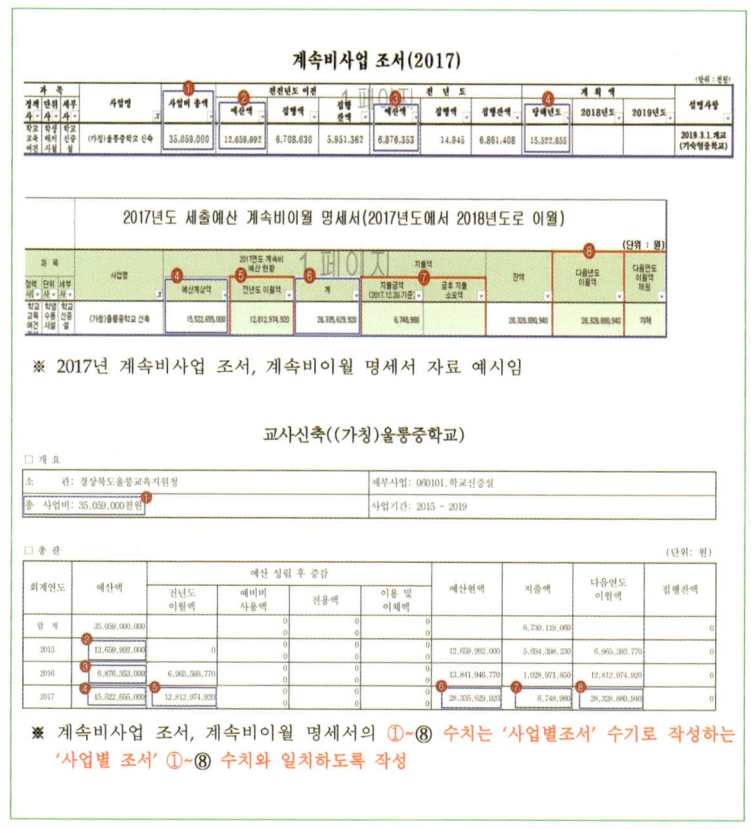

※ 2017년 계속비사업 조서, 계속비이월 명세서 자료 예시임

※ 계속비사업 조서, 계속비이월 명세서의 ①~⑧ 수치는 '사업별조서' 수기로 작성하는 '사업별 조서' ①~⑧ 수치와 일치하도록 작성

위의 예시처럼 번호를 부여해서 예산과의 계속비 사업 조서를

학교의 계속비 결산에 숫자 그대로 옮겨 적도록 안내했다. 전달 회의에서 이 정도까지 쉽게 알려주는데 절대 틀리면 안 된다고 재차 강조했던 부분이었다. 이 자료를 인터넷에 공개했는데 훗날 다른 시도교육청 담당자에게 전화가 왔다. 내가 작성한 '계속비' 매뉴얼을 보고 많은 도움을 받았다는 감사의 전화였다.

넷째, 세부 사업 설명서의 수치들이 한글 문서로 작성되다 보니 합계가 정확한지 계산기로 일일이 확인해야 했다. 이 부분도 합계를 검증할 수 있는 엑셀 서식을 만들어서 업무 담당자에게 사전에 배포하고 1차로 자체 확인 후에 심사에 참석하도록 안내했다.

다섯째, 무슨 일을 하든지 '똑똑한 회의'가 먼저다. 나의 두 번째 결산은 이미 모든 것이 매뉴얼화되어 있었고, 정확하게 안내했으며, 관련 근거부터 작성 방법까지 체계화했다. 특히 작년 결산을 끝내고 만들어놓은 '세출 결산 매뉴얼'을 사전에 업무 담당자들에게 배포하여 바로 적용할 수 있었다.

한 가지 아쉬운 점은 내가 다른 부서로 이동하고 결산 담당자가 바뀌면서 모든 것이 예전 방식대로 돌아갔다는 것이다. 검증을 위해 만들었던 엑셀 서식은 간단하게 복사해서(Ctrl+C) 붙여넣기(Ctrl+V)만 하면 검증이 끝난다. 그런데 후임자가 결산하는 것을 보니 지역의 담당자들이 복사해서 붙여넣기를 하는 것이 아니라 일일이 하나씩 입력하고 있었다.

결산 심사를 시작한 지 일주일이 채 지나지 않은 금요일 오후, 모 교육지원청을 대상으로 결산 심사를 진행하고 있었다. 잠시 쉬는 시간이었는데 마침 심사장 밖을 지나가던 교육감님께서 지역의 담당자들이 본청에 무슨 일로 왔냐고 물었다. 결산 심사 때문에 왔다는 대답에 교육감님께서는 앞으로 결산 심사도 본청에서 지역으로 직접 찾아가서 하라고 했다.

그날 심사를 마치고 사무실에 들어갔을 때 팀장님께서 나를 불렀다. 교육감님께서 내년부터는 결산 심사를 지역에 직접 방문해서 하라고 했으니 다음번 담당자에게 꼭 인수인계를 잘하라고 당부했다. '내 후임자에게 잘 전달하라는 말은 지금은 안 해도 된다는 말인가?' 지금 해도 되고 안 해도 되는 일이라면 보통은 다음번으로 미룰 것이다. 하지만 여러 가지 상황을 곰곰이 생각해 보니 이번에 무조건 해야겠다는 생각이 들었다.

"교육감님께서 그렇게까지 말씀하셨는데 시범적으로라도 당장 해야 할 것 같습니다. 이번 주말에 심사 일정을 다시 짜보겠습니다."

선임 차장은 위에서 시킨다고 해서 꼭 할 필요는 없다며 나를 말렸다. 팀장님께서도 굳이 지금 당장 하라는 얘기는 아니라고 했지만, 난 지금 꼭 해야 한다는 확신이 들었다.

금요일 저녁, 우리 교육청의 지도를 펼쳐놓고 권역별로 이리저리 묶어보기 시작했다. 주말에는 집에서 원격업무지원 시스템으로 월요일 오전에 전 부서 및 소속 기관에 발송할 기안문을 완성했고 아무도 시키지 않은 보도자료 작성까지 마쳤다.

2018회계연도 교육비특별회계 결산 '찾아가는 결산심사' 시범운영 안내

일 정			〈기 존〉	〈변 경〉	비 고
1. 30.(수)	오전		경주교육지원청	경주교육지원청	본청 (심사완료)
	오후		문경교육지원청	문경교육지원청	
1. 31.(목)	오전	공보관	예천교육지원청	예천교육지원청	
	오후	중등과	상주교육지원청	상주교육지원청	
2. 7.(목)	오전	저정규모학교육성추진단	영천교육지원청	영천교육지원청	
	오후	시설과	영주선비도서관, 영주교육지원청	영주선비도서관, 영주교육지원청	
2. 8.(금)	오전	체육건강과	김천교육지원청	김천교육지원청	
	오후	정책과	구미도서관, 안동교육지원청	구미도서관, 안동교육지원청	
2. 11.(월)	오전	학생생활과	경산교육지원청		
	오후	학교지원과	화랑교육원, 봉화교육지원청	영덕교육지원청	
2. 12.(화)	오전	재무정보과	포항교육지원청	**경산교육지원청**	찾아가는 결산심사 (시범운영)
	오후	기획조정관	상주도서관, 해양수련원	정보센터, 청도교육지원청	
2. 13.(수)	오전	행정과	구미교육지원청	**포항교육지원청**	
	오후	초등과	문화원, 영덕교육지원청	문화원, 과학원	
2. 14.(목)	오전	과학직업과	청도교육지원청	**구미교육지원청**	
	오후	감사관	안동도서관, 울진교육지원청	연수원, 군위교육지원청	
2. 15.(금)	오전	총무과	칠곡교육지원청		
	오후		정보센터, 의성교육지원청	해양수련원, 울진교육지원청	
2. 18.(월)	오전		성주교육지원청	봉화교육지원청	본청 (심사예정)
	오후		연수원, 울릉교육지원청	청송교육지원청	
2. 19.(화)	오전		군위교육지원청	성주교육지원청	
	오후		교육연수원, 영양교육지원청	고령교육지원청	
2. 20.(수)	오전		고령교육지원청	안동도서관	
	오후		과학원, 청송교육지원청	연수원, 영양교육지원청	
2. 21.(목)	오전			상주도서관	
	오후			의성교육지원청	
2. 22.(금)	오전			화랑교육원	
	오후			칠곡교육지원청, 울릉교육지원청	

※ 참고사항
1. 찾아가는 결산심사는 <오전> 심사 대상 기관에서 실시하며, 본청은 일정 및 장소 변동없음
2. 세입 및 성인지 결산 대상 기관(학교)는 별도 안내 예정

월요일 아침에 출근하여 본청의 과장급 이상이 참석하는 확대 간부 회의가 시작되기 직전, 과장님께 달려가서 '찾아가는 결산 심사 시범 운영'과 관련된 기안문 출력물과 보도자료 초안을 보고드렸다.

　과장님께서는 자료를 들고 곧바로 회의에 참석했고, 나는 확대 간부 회의가 끝나기를 기다렸다. 회의가 끝나고 과장님께서 오시더니 교육감님께서 재무과는 그냥 흘린 말에도 적극적으로 대응을 잘했다며 크게 칭찬했다고 전해 주었다. 해도 되고 안 해도 되는 일이었지만, 시기에 맞게 한다면 무조건 칭찬받을 일이라는 것을 알고 있었기에 이 기회를 놓치고 싶지 않았다.

　그때 함께 근무했던 팀장님은 현재 본청 부서의 과장이 되었는데, 가끔 그 당시의 나를 생각하며 '열정'이라는 단어를 떠올린다고 말씀하셨다.

12

기회를
주도하라

　　　　　　재무과는 내가 전혀 희망하지 않았던 부서였지만 '지출'이나 '세출 결산'이라는 일상적인 업무가 감사과에서 했던 청렴 업무보다는 훨씬 쉽게 느껴졌다. 감사과에서는 주로 창의적인 '기획'을 했지만 재무과는 규정에 따라 일상적인 업무만 반복적으로 하면 되었다.

　내 자리의 또 한 가지 특징은 본청과 지역의 담당자를 대상으로 전달 교육을 진행할 기회들이 정기적으로 있다는 것이었다. 연초에 결산 심사를 위한 전달 회의부터 연중행사였던 '재무 업무 담당자 직무연수'까지 사람들 앞에 서야 하는 일들이 많았다.

재무 업무 담당자 직무연수는 1박 2일 일정으로 숙박 시설이 있는 장소에서 본청, 직속기관, 교육지원청을 대상으로 다음 날 점심시간까지 진행되었다. 이 연수의 특징은 재무과에 근무하는 각 팀의 담당자가 분야별로 모두 강사로 서는 것인데, 한 사람당 할당된 시간은 30분 정도였다. 재무과에 같이 근무하던 직원들 대부분은 다른 사람들 앞에 서는 것 자체를 싫어했다. 담당별로 시간이 할당되어 있으니 어쩔 수 없이 준비해서 발표해야 하는, 1년 중 가장 부담되는 날인지도 모른다.

　첫해에 나는 이 직무연수 워크숍에서 30분의 시간을 할당받았다. 그리 길지 않은 시간이라 꼭 필요한 내용만 설명하고 짧게 끝냈다. 그런데 그 짧은 시간에도 다른 사람이 강사로 앞에 섰을 때와 비교하면 청중의 집중도는 조금 다르다는 것을 느꼈다.

　다음 해가 되자 연수 규모가 더 커졌다. 재정지원팀장까지 참석하던 연수였는데 이번에는 행정지원과장까지 참석하라는 안내가 나갔다. 6급 팀장급만 참석하던 규모에서 23개 시군 교육지원청의 사무관들이 모두 참석하는 대회의가 된 것이다.

　이 연수는 우리 팀에서 주관했기 때문에 전체적인 연수 일정이 확정되었을 때 강의 시간 배정에 상당히 많은 신경을 썼다. 내 강의는 무조건 첫째 날 오전에 배정받아야만 했다. 왜냐하면 연수에 참석한 사람들 대부분이 첫날 오전에 집중해서 듣다가 점심 식사

이후로는 졸리기 때문이다. 그리고 저녁에 간담회 겸 술자리로 이어지면 다음 날 집중도가 확연하게 떨어진다. 다른 팀에서 첫날 오전 시간대로 배정해 달라는 요청이 들어왔을 때 선임 차장에게 거절하라는 눈치를 줬다.

연수가 시작되자 오전 10시부터 지출 관련 감사 사례와 공문서 작성법까지 50분 정도의 강의를 진행했다. 이 연수를 위해 며칠 전부터 엄청나게 공을 들였다. 전날 새벽까지 파워포인트를 수정하고 시나리오를 점검한 후에 그 자리에 섰으니 강의는 상당히 흡인력 있게 진행되었다.

강의를 마칠 즈음에 사람들이 나를 보는 시선이 달라졌음을 느

껐다.

상상해 보라! 23개 교육지원청의 사무관들이 모두 참석한 회의에서 정말 제대로 된 강연을 할 수 있다면 그 파급 효과는 어떨지를. 그날은 내가 기대하며 노력했던 만큼 충분히 성공적으로 강연한 날이었다.

시간이 흘러 우리 팀에도 새로운 팀장님이 오셨다. 첫날부터 나는 계속해서 6개월 후에는 내신을 내서 다른 부서로 이동할 계획이라고 말씀드렸다. 이유는 근평 때문이었다. 재무과에서 이미 2년이란 시간이 흘렀고 그동안 아무리 열심히 일하고 칭찬을 들었다 하더라도, 연공서열에 따라 근평을 받다 보니 부서에서 내 근평이 3번과 4번을 왔다 갔다 했다.

이렇게 해서는 승진을 못 할 거라는 불안감이 들었다. 6급으로 제때 승진하려면 부서 근평을 1번으로 받을 수 있는 부서로 옮겨가야 했다. 그런데 내신서를 제출하는 시기가 임박하자 팀장님은 근평은 본인이 알아서 총무과에 얘기해 줄 테니 곧 다가올 내년 결산을 한 번 더 하라고 했다.

본청의 어떤 부서를 가든지 항상 마지막이 그랬다. 만기가 되어서 다른 부서로 옮기려고 하면 여러 가지 이유로 나를 붙잡았다. 그것도 꼭 중요한 순간에 말이다. "나중에 어떻게 해줄게"라는 말은 믿지 않는다. 이미 오랜 경력으로 알고 있다. 이 말처럼 무책임한 말이 없다. '인사'는 기회가 있을 때 무조건 가야 한다. 그것이 내가 공직 생활에서 몸소 느낀 진리였다. 나는 끝까지 내 의지대로 본청에서 근평을 1번 받을 수 있는 교육국으로 내신서를 썼다.

본청 경력이 8년 6개월이었고 그동안 행정국과 감사과에서만 근무했으니 이동 전보 점수만 따져도 무조건 1등이다. 나는 무난하게 1순위로 내가 원하는 교육국 부서에 갈 수 있다고 확신했다. 인사 발표가 나던 날 집으로 가는 버스에서 평소 친하게 지내던 선배에게 전화가 왔다.

"너, 유초등교육과로 발령 났더라."

내 귀를 의심했다.

"뭐라구요? 유초등교육과요?"

아무 생각 없이 3순위로 적어낸 부서로 발령이 났다. 재무과에 올 때도 튕겨져서 남은 부서에 온 것이었는데, 이번에도 나를 3순위 부서로 발령 낸 것을 보면 정말 나는 '인사'와는 인연이 없구나 하는 생각이 들었다.

13

제 역할을
할 때

　내가 원하지 않은 부서이지만 정식 발령일 전에 새로운 부서의 과장님께 인사를 가는 것이 본청의 관행이다. 유초등교육과 과장실로 들어서자 과장님께서 나를 보더니 환하게 웃으며 반겨주셨다.

　과장님께서는 부서의 주요 업무였던 '초등 임용' 업무를 맡겨야 하기 때문에 이번에 교육국에 내신을 낸 직원 중에서 특별히 선별해서 부서에 보내달라고 총무과 인사팀장에게 부탁했다는 것이었다.

　그런 이유로 내가 가고 싶은 부서에는 도저히 갈 수 없는 상황이었다. 1순위로 적었던 부서에 발령이 났다면 교육국 특성상 장학사들의 보조 업무를 할 확률이 높았다. 차라리 이곳에서 독립적인 업무를 자율적으로 하는 것이 나을 것 같다는 생각이 들었다. 1월에 자리를 옮기자마자 당장 초등 임용 2차 시험이 시작되었고, 아무것도 모르는 나는 전임자의 뒤만 열심히 따라다니고 있을 뿐이었다. 전임자에게 내심 고마운 마음이 백배였다.

2차 시험이 끝나고 모든 일정이 종료되자 온몸에 피로감이 몰려왔다. 이제 제일 중요한 최종 성적 산정 과정이 남았다. 엑셀에서 과목별 배점을 입력하고 계산하는 과정을 거치는데, 사실 우리 부서에서 나 혼자 하는 업무여서 아무도 관심이 없었다. 혼자 하다 보니 내가 한 것을 다시 확인해 본들 틀린 부분이 보일 리 없었다. 함께 일했던 아르바이트생 2명에게 다시 검증을 시키는 것이 의미가 있을까 하는 의구심이 들 뿐이었다.

부서에 온 지 얼마 되지 않은 상태에서 정시에 퇴근할 수가 없었다. 마지막 성적 산정이 남았기 때문이다. 사실 내 업무는 근무시간에 충분히 할 수 있었지만 눈치가 보여서 야근을 하루 정도 하고 작업을 마무리했다.

드디어 초등 임용 합격자 발표일이 다가왔다. 시스템에서 설정한 대로 10시에 자동으로 수험생에게 공개된다. 이때가 가장 긴장되는 순간이다. 10시가 되고 약 30분간 사무실 전화기만 응시하고 있었다. 혹시나 자기 성적이 이상하다는 수험생의 전화가 올지도 모르기 때문이다. 인사팀의 장학관님께서도 이런 나를 보며 "별일 없지?"라고 물으셨다. 그렇게 성적 발표가 무사히 끝이 났다.

> **검증 시스템 부재가 부른 ○○교육청 임용고시 합격자 번복**
> - 성적 입력 과정에서 점수 누락, NEIS에 점수 입력 과정 실수, 담당 공무원 1명이 도맡아 입력, 실수 걸러낼 장치 없어

2020년 2월의 기사다. 같은 기사가 2025년 2월에 네이버 첫 화면에 다시 등장했다.

문제는 성적을 검증하는 시스템에 있었다. 혼자 모든 일을 진행하다 보니 결재 과정에서는 아무도 오류를 찾아낼 수 없다는 것이 맹점이었다. 전임자들이 계속 그렇게 해왔으니 딱히 어떻게 바꿀 도리가 없었다. 마침 17개 시도교육청 담당자들이 모이는 회의에서 다른 시도에서는 성적 검증을 위해 별도로 외부 팀을 운용한다는 얘기를 들었다. 업무 보고 시에 우리 교육청도 이런 시스템을 도입해야 한다고 교육국장님께 보고했다. 당연히 우리 교육청처럼 다른 기관에서 혼자 성적 산정을 하다가 사고가 난 경우를 강조해서 말씀드렸더니 바로 시행하라고 했다.

⑦ 초등임용시험 성적검증방법 개선

□ **관련 기사**
- ○○교육청, 중등교사 최종합격자 발표 오류… 3명 당락 바뀌어
- ○○ 중등교사 임용시험 1명 합격·불합격 바뀌어

□ **원인 분석**
- 담당자 1명이 성적산정 후 업무보조원 2명과 원본데이터 일치 여부를 확인
  → 결과 수치만 확인하고 '**성적산정 과정상의 문제점**' 검증이 안 됨.

□ **추진 계획**

세부 추진 과제	내용 및 방법	비고
○ 초등임용시험 성적검증방법 개선으로 정확성 제고	○ 담당자 1명이 성적작업 완료 후 **업무보조원 2명**과 최종 결과의 원본 데이터 정확성 확인 ☞ 완성된 데이터의 정확성 검증 ○ 응시자 관리번호 순으로 한국교육과정평가원의 평가 결과에 과목별 배점을 곱하여 점수 산정 → 나이스에 "수험번호, 결시구분, 과목코드, 점수"를 최종 업로드함 <table><tr><th>수험번호</th><th>결시구분</th><th>과목코드</th><th>점수</th></tr><tr><td>10001</td><td>N</td><td>047</td><td>85</td></tr></table>↓	현행
	○ **성적검증 전담팀 구성: 총 3명** (※ 담당자 1명, **복수 검증자 일반직 6급 2명**) ○ 3명이 동일 장소에서 나이스 업로드용 최종자료까지 각각의 성적작업 완료 후 결과 일치 여부 확인 (※ 멀티미디어실, 집중작업 2일, 출장처리, 수당지급) ☞ **성적산정 과정의 검증**, 데이터 정확성 검증 ○ 시행: 2020년 11월부터 (※ 2021학년도 초등임용 1차 시험부터 적용)	개선

□ **기대효과**
- 동일한 과정 교차점검으로 오류 발생 사전 차단 및 정확성 제고

사실 초등 임용 업무는 전국의 시도교육청에서 기피하는 업무 중 하나다. 잘해야 본전이기 때문이다. 성과가 드러나는 것도 없고, 실수라도 하면 바로 뉴스 기사가 뜨고, 담당자-팀장-과장-국장님에게까지 영향이 미친다. 그래서 사전 공고부터 최종 합격자 발표까지 전국 17개 시도교육청 담당자들이 한자리에 모여서 연간 네 차례 이상 회의를 진행하고 최선의 안을 도출한다. 사전에 모든 것을 공유하고 공고문의 문구 하나하나까지 점검하고 통일하는 것이다.

2020년에는 우리 교육청이 이 회의를 주관했다. 전국의 시도교육청에서 회의 참석자 명단을 미리 받아서 호텔에 저녁 식사 예약과 모든 행사 준비를 끝냈다. 이제 주말이 지나고 월요일 아침 일찍 회의 장소에 도착해서 회의를 진행하기만 하면 된다.

그 당시에는 코로나19가 시작된 지 얼마 되지 않아 상당히 민감한 시기였는데, 토요일 오후가 되자 코로나19 상황이 악화되었다는 뉴스가 나왔다. 당장 전국의 모든 집합 인원이 50명 미만으로 조정되었다.

이미 정부에서 결정된 사안이니 그대로 따라야 한다. 월요일에 17개 시도교육청에서 참석할 인원이 50명은 훌쩍 넘을 것이 분명했다. 코로나19 상황에서 함께 뷔페로 식사하는 것도 문제였다.

'즉시 바꿔야 한다.'

뉴스를 보자마자 예약을 잡은 호텔 담당자에게 바로 전화했다. 식사 메뉴를 뷔페에서 개인 도시락으로 변경했다. 17개 시도교육청 담당자들에게 50명 미만으로 인원이 제한되니 교육청당 2명 이내로 인원을 조정해서 참석하라고 안내했다. 그리고 팀장이셨던 장학관님께 전화했다. 이러저러한 상황에서 이러저러하게 조치했다는 내용의 선조치 후보고였다. 과장님은 전화를 받지 않아 문자 메시지를 남겼다.

그렇게 조치한 결과 우리 교육청에서 준비한 시도교육청 회의는 특별한 문제 없이 잘 끝났다. 다음 날 인사팀 회의 시간에 장학관님께서 즉각적인 조치 후에 보고한 사항을 언급하며 크게 칭찬하셨다.

연말이면 본청 경력이 10년이 다 되어간다. 8급 때 전입해서 5년 정도는 집 근처에서 다녔고, 본청이 다른 지역으로 이동하면서 나머지 5년 정도를 통근 버스를 타고 지역과 지역을 넘나들었다. 아침에 역까지 지하철을 타고 가서 통근 차량에 올랐고, 저녁 6시 10분에 출발하는 통근 차량을 타고 다시 역에 도착해서 지하철을 타고 집에 도착하면 저녁 8시가 되었다. 처음에는 피곤하다는 생각이 들었는데 나중에는 적응이 되어서인지 피곤한지도 몰랐다.

결국 처음에 같이 통근 차량을 탔던 많은 사람들이 통근을 포기하고 직장 근처에 방을 구했다. 하지만 난 끝까지 버텼다. 어떤 날은 운전기사분과 단둘이 통근 차량을 타기도 했다. '나보고 내리라고 하면 어떡하지?' 문득 그런 생각도 들었다.

그렇게 매일 열심히 타고 다니던 통근 차량의 운행이 갑자기 중단됐다. 코로나19 때문이었다.

14

근무시간은
집중력 있게!

　통근 차량이 중단되자 집 근처에 사는 다른 부서 직원들과 카풀을 시작했다. 다행히 4명을 맞출 수 있었는데 꼬박 두 달을 함께 출퇴근했다. 이렇게 칼같이 출퇴근을 반복하다 보니 초과근무를 한 기억이 거의 없다. 본청 경력 9년 차에 접어들면서 근무시간 외에 저녁에 사무실에 남아서 일했던 기억은 손에 꼽을 정도였다. 낮에 일하고 저녁에는 가족과 함께하는 '일과 삶의 균형'을 놓치고 싶지 않았기 때문이다.

　다행히 지금까지 나는 팀 단위로 같이 야근해야 하는 부서에는 근무한 적이 없다. 온종일 혼자 집중해서 일하면 그날 업무를 끝낼 수 있었고, 충분히 제 시간에 맞춰서 퇴근할 수 있었다. '직원이 얼마나 일을 잘하는가?' 하는 평가의 척도는 초과근무 시간에 꼭 비례하지 않는다. 부하직원이 적정한 시기에 알아서 먼저 보고하고 효율적으로 일한다면 초과근무는 고려 대상이 아니다.

물론 해야 할 일이 닥치면 해야겠지만, 다행히 나에게 그럴 일은 거의 없었다. 본청에 첫 전입한 행정예산과에서 느닷없이 정보공개청구가 몰리기 시작해서 지출증빙서에 띠지를 붙여놓고 기계적으로 복사하는 일만 없다면 말이다.

본청에 처음 전입했을 때 항상 늦은 시간까지 매일 일하는 6급 차장님, 그리고 야근할 때 저녁까지 함께 드시는 팀장님 덕분에 바로 위 선배와 저녁 9시가 되어서도 눈치를 보며 겨우 퇴근했던 기

억이 생생하다. 저녁 늦게까지 특별히 남아서 할 일은 없었다. 그때는 그저 윗사람 눈치를 보면서 뭐든 하는 척해야 했다.

본청 근무자는 1년에 공식적으로 초과근무를 해야 하는 날이 정해져 있다. 국정감사, 행정감사, 을지연습 등이다. 그 외에는 부서별로 초과근무를 하는 시기가 달랐다. 두 번째 부서인 감사과 청렴윤리담당에 근무할 때 우리 팀에서 중요한 업무 중 하나는 '부패방지 시책평가'였다. 1년간 청렴 정책을 추진한 자료를 정리하는 결과 보고서였는데, 담당자였던 6급 차장님이 작성해야 하는 자료를 사전에 할당해 주었다.

평소에 업무를 하면서 시간 날 때마다 틈틈이 그 자료를 작성해 놓다 보니 정작 결과 보고서를 수합하는 시즌에는 딱히 할 일이 없었다. 다음 주부터 보고서를 작성하기 위해 우리 팀 전원이 야근을 해야 한다기에 며칠간 숙박에 필요한 짐을 싸서 출근했다. 야근 첫날 6급 차장님이 내가 제출한 자료를 보더니 내일부터는 야근하지 말고 그냥 퇴근하라고 했다. 본인이 생각해도 내가 그 자리에 있어 봤자 마땅히 할 일이 없어 보였던 것이다. 이미 내 몫은 다 해놓았고, 먼 지역에서 본청까지 매일같이 장거리를 계속 통근 차량으로 출퇴근하는 후배가 안쓰러워 보였을 수도 있다.

세 번째 부서인 재무과에서 교육비특별회계 결산 심사를 할 때도 퇴근 시간이 되면 지역의 담당자들을 모두 돌려보냈다. 심사 대상 기관과 본청 간 거리가 가까워서 내일 충분히 끝낼 수 있었기 때문이다. 물론 결산 심사 방법을 바꿔놓은 것도 효율적인 업무 처리에 도움이 되어 시간을 최대한 절약할 수 있었다.

마지막 부서였던 유초등교육과에서 초등 임용 업무를 맡았을 때도 초과근무를 할 업무량은 아니었다. 1차, 2차 시험이 시작되었을 때도 하지 않던 초과근무를 평상시에 할 일은 없었다.

주말 숙직 때문에 옷을 챙겨서 본청에 갔다. 밖은 깜깜한데도 사무실마다 주말에 일하는 사람들이 생각보다 많았다. 마치 평일의 사무실 풍경처럼 일하는 사람들을 보며 이런 생각이 들었다.

'나 같은 사람은 여기 있으면 안 되겠구나.'

그분들을 보니 미안한 마음이 들었다. 마지막 근무 부서인 교육국은 장학사들이 대부분이고 일반직은 몇 명뿐이니 '나'라는 존재감이 없는 곳이라는 생각이 들었다. 행정국에 근무할 때도 이 정도까지는 아니었는데 말이다. 그런 분위기 속에 그나마 다행인 것은 초등 임용 업무는 온전히 내가 맡았다는 것이었다. 내가 계획한 대로 주관해서 자율적으로 하는 유일한 업무였기 때문에 임용시험과 관련해서는 전달 회의부터 최종 합격자 발표까지 주체적으로 일할 수 있었다. 그런 이유로 다행히 교육국에서도 나를 보조 업무를 하는 사람 정도로 보지는 않았다.

6개월 정도 근무했을 때 처음으로 본청 부서에서 근평 1번을 받게 되었다. 승진 후보자 명부 순위가 발표되었는데 6급 승진 대상자 중에 35번이었다. 이번에는 20명 정도만 승진한다는 소문이 돌았다. '연말에는 승진할 가망이 없구나'라고 생각하던 중에 우리 부서의 정원이 조정되어서 7급이 2명에서 1명 줄어들었다. 늦어도 6개월 뒤에는 6급으로 승진할 예정이니 내가 부서를 나가겠다고 장학관님께 말씀드렸다. 어차피 연말에 승진도 안 될 것이고, 본청에는 있을 만큼 있었으니 집 근처에 있는 학교로 이동해서 6개월을 7급으로 근무하다가 승진하면 되겠다는 생각이었다.

팀장이었던 장학관님께 상황을 설명하고 내신서를 보여드렸다.

서명을 받은 후 과장님께 결재를 받으러 들어갔는데, 과장님께서는 내신서를 보더니 잠시 생각해보자고 하고는 서명을 하지 않으셨다.

'왜 이러시지?'

과장님께서는 곧 부서 내 팀장급 장학관들을 호출했다. 나중에 알게 되었는데, 나를 보낼 것인가, 부서에 잡아둘 것인가에 대한 회의였다고 한다. 우리 장학관님께서 회의를 마치고 오시더니 내가 작성한 내신서에 서명했다고 과장님께 한 소리 들었다고 한다.

나는 끝까지 과장님 결재를 받아내고 내신서를 제출했다. 그리고 인사 발표 사전 예고를 기다렸다. 인사 발표가 한 달 정도 남았을 무렵 갑자기 본청의 분위기가 바뀌었다. 노조에서 그동안 6급으로 근속 승진한 인원만큼 이번에 추가로 승진 인원을 확대할 것을 강력하게 요구했다고 한다. 그렇게 승진 인원이 조정될 것이라는 소문이 돌았다. 결국 승진 대상 인원이 기존의 20명에서 최종 38명까지 늘어났다.

초등 임용시험 1차가 막 끝이 났고 2차를 준비할 시기였다. 승진 대상자에 포함된 것만으로도 기뻤지만 한편으로는 불안했다. 순번이 완전히 뒤쪽에 있었고 다자녀인 사람이 있으면 내가 승진에서 또 밀리기 때문에 확신하기 어려운 상황이었다. 혹시나 승진자에 포함된다고 하더라도 우리 교육청에서 가장 선호하지 않는 지역으로 발령 날 가능성도 높았다.

안절부절못하다가 그 당시 우리 팀의 수석 장학사님께 이렇게 말씀드렸다.

"제가 혹시라도 승진해서 멀리 발령이 나거든 저를 찾지 마십시오."

결국 난 1월 1일 자로 승진했다. 그것도 반전의 반전을 거듭하면서. 그렇게 가기를 희망했던 인사 부서의 근처에도 못 갔지만, 늦은 순번임에도 결국 인사 부서에 현재 근무 중이거나 이미 인사 부서를 거쳐 갔던 동기들과 같은 시기에 그것도 본청에서 가장 먼저 6급으로 승진한 4명 중 1명이 되었다. 그리고 승진하면서 가장 최선의 선택지로 꼽았던 집에서 출퇴근이 가능한 지역으로 발령이 났다.

통근 차량으로 먼 거리를 매일 출퇴근하기 바빴던 시절에 이 정도로 일과 가정을 함께 챙길 수 있다면 승진은 본청 인사 부서에 근무하던 동기들보다 6개월 정도 늦어도 할 말이 없다고 생각했다. 그런데 가장 먼저 승진한 사람들 중 한 명이 되었다.

훗날 알게 된 사실이지만, 마지막 부서에서도 정말 중요한 순간에 나를 적극적으로 지지하고 도와준 분이 계셨다. 본청에 근무할 때도 늘 그런 분이 주변에 꼭 한 분씩은 계셨던 것처럼 말이다.

"우리 동기 중에 늘 1등이네요."

내가 승진하자 지역에 근무하던 동기가 그렇게 안부 쪽지를 건

넸다. 동기 중에 1등으로 혼자 7급으로 승진했고, 6급 승진도 첫 승진자 중에 이름을 올렸기 때문이었다.

15

나부터
달라져 볼까?

　　　　　　　　　　유초등교육과에 근무하면서 이곳이 본청에서 근무하는 마지막 부서라는 생각이 들었다. 이번에는 어떻게든 근평 1번을 받아서 6급으로 승진하면 지역의 학교로 발령 나기 때문이다.

　돌이켜 생각해 보니 그동안 9년 넘게 본청에서 근무했는데도 수많은 선배 공무원들 중에 개인적으로 나에게 밥을 사준 사람이 없었다. 물론 나도 일하기 바쁘고 집까지 통근 차량으로 출퇴근하느라 그럴 여유가 없었다.

　본청에 근무할 시간이 많이 남아 있지 않다는 생각에 각 부서에 근무하던 후배들을 2명씩 불러내 점심 식사를 같이 하기로 했다. 15개 부서에서 그나마 안면이 있던 후배에게 한 명 더 데리고 나오라고 했다.

우리 팀은 점심 식사도 팀 단위로 움직이기 때문에 후배들과 점심 약속을 잡은 날은 선임 장학사님께 외부에서 점심 약속이 있다고 말씀드렸다. 몇 번을 그렇게 돌아가면서 후배들과 점심을 하고 있는데 하루는 장학관님께서 심각한 표정으로 나를 불렀다.

"이 주무관은 요즘 왜 혼자 점심을 먹지?"

그동안 수석 장학사님이 말씀드린 줄 알았는데 장학관님께서는 전혀 모르는 눈치였다. 내가 부서에 적응을 못 해서 점심때마다 혼자 밥을 먹는 줄 알고 계셨다.

"아, 그런 게 아닙니다."

그간의 자초지종을 설명드리자 그제야 안심한 듯한 표정을 지으셨다.

본청 부서의 후배 직원들과 점심 식사를 하고 나자 놀라운 변화를 느낄 수 있었다. 단지 점심에 1시간 동안 밥 한 끼를 같이 했을 뿐인데, 평소 업무적으로만 대했던 후배들과 좀 더 가까워지는 듯했다. 개인사를 비롯해 업무를 벗어난 이야기들을 나누면서 후배들은 이런 자리를 마련해 줘서 감사하다고 말했다. 그리고 며칠 후에 다른 업무로 통화했을 때 평소보다 한층 더 친절한 목소리와 적극적인 태도를 느낄 수 있었다.

'내가 왜 그동안 이런 생각을 못 했지?'

역시 남들이 하지 않더라도, 나부터 달라지는 것이 옳았다.

16

돌아가지 않는 길

"본청에서 무슨 업무를 하고 싶습니까?"
"기획이 하고 싶습니다!"

행정국장님과 각 부서의 사무관들이 있는 본청 전입 면접 자리에서 망설임 없이 대답했다. 훗날 감사과 국장님으로 오신 분이 바로 이 자리에 있던 사무관 중 한 분이었는데 그 당시 면접장에서 내 모습을 생생하게 기억하고 있었다. "8급이 정말 씩씩하게 대답하더라"라고. 본청에서 나는 9년 6개월 동안 하고 싶은 기획을 마음껏 했다.

행정예산과에서 팀장님 지시에 못 이겨 시작한 그 기획이 감사과에서 3년 6개월 동안 '청렴'을 주제로 꽃을 피웠다. 기획 업무에 있어서는 전임자의 틀을 그대로 따라 하지 않았다. 늘 새로운 접근 방법을 고민했고, 새로운 공문과 보도자료를 쏟아냈다. 그 시기가 우리 교육청 '청렴'의 황금기였다. 다른 기관에서 전화로 벤치마킹 자료를 요청할 정도로 롤모델이 되었으니 감히 기획의 완성 단계였다고 할 수 있다.

창의적인 스토리텔링 청렴 정책 추진 및 우수 사례 전파

(경상북도교육청, 이무하)

📁 추진 실적(2014~2016년)

| ① 감사관 블로그(Blog) 신규 개설 | **2014**
감사관 블로그 신규 개설(2014. 2. 11.)
· 일방적인 청렴 홍보에서 벗어나 '참여'하고 '소통'하는 청렴을 지향
 · 메뉴: 청렴시책, 보도자료, 전자책 발간, 업무자료실, 청렴UCC, 청렴리플릿 외
· 감사관 블로그 바로가기
http://cleangbe.blog.me |

② 창의적인 스토리텔링 (Storytelling) 청렴시책 추진

2014

청렴 다짐 릴레이 '함께해요 청렴!'(2014. 2. 20.)
· 대상 및 기간: 8급 이하 일반직 공무원, 2014. 3. 3.~12. 12.
· 내용: 청렴 실천 우수 사례, 청렴 다짐, 포부 등 릴레이 방식
· 결과: 280명 참여, 기관시상: 3기관, 개인시상: 7명

부조리한 관행 개선을 위한 '함께 얘기해요'(2014. 3. 6.)
· 대상 및 기간: 전 교직원, 2014. 3. 6.~ 4. 11.
· 내용: 평소 실생활(개인, 직장)에서 겪었던(좋거나 싫었던) 습관, 관행을 감사관 블로그에 댓글로 남기기
· 결과: 125건 접수, 개인시상: 27명

청렴 에세이 '청렴? 생각나는 대로 쓰기' 공모전(2014. 3. 28.)
· 대상 및 기간: 전 교직원, 학생, 학부모, 2014. 4. 1.~11. 14.
· 내용: '청렴'을 소재로 반부패·청렴문화 확산에 기여할 수 있는 수필 형태의 모든 글
· 결과: 43건 접수, 개인시상: 4명

2015

청렴 더하기 UCC, 포스터 공모전(2015. 1. 23.)
· 대상 및 기간: 전 교직원, 학생, 2015. 1. 26.~3. 31.
· 내용: 청렴과 관련된 UCC/포스터 부문
· 결과: 44건 접수, 개인시상: 6명

제1회 청렴! 적극행정 우수 사례 공모전(2015. 2. 11.)
· 대상 및 기간: 전 교직원, 2015. 3. 2.~3. 31.
· 내용: 최근 4년간 적극적이고 창의적인 업무 처리 과정을 통해 예산 절감, 선례 답습 타파 등 업무를 획기적으로 개선한 사례 발굴
· 결과: 36건 접수, 개인시상: 13명

이야기가 있는 청렴 '나의 청렴 스토리'(2015. 3. 4.)

- **대상 및 기간**: 전 교직원, 학생, 학부모, 2015. 3. 23.~9. 21.
- **내용**: 청렴을 주제로 본인의 생각을 자유롭게 작성하고 소개하고 싶은 사진, 그림, 영상 등을 첨부하는 블로그 포스팅 형식
- **결과**: 1,027건 접수, 기관시상: 4기관, 개인시상: 7명

2016

제2회 청렴! 적극행정 우수 사례 공모전(2016. 2. 29.)

- **대상 및 기간**: 전 교직원, 2016. 3. 2.~3. 31.
- **내용**: 최근 4년간 적극적이고 창의적인 업무 처리 과정을 통해 예산 절감, 선례 답습 타파 등 업무를 획기적으로 개선한 사례 발굴
- **결과**: 15건 접수, 개인시상: 3명

주제가 있는 청렴! 공익신고자 보호제도 공모전(2016. 7. 1.)

- **대상 및 기간**: 학생 및 교직원, 2016. 7. 1.~8. 31.
- **내용**: 공익신고자 보호제도를 주제로 UCC/포스터/에세이/댓글 부문을 공모
- **결과**: 907건 접수, 기관시상: 3기관, 개인시상: 9명

③ 우수 사례 전자책 발간

2014

청렴 다짐 릴레이 '함께해요 청렴!'
100회 특집 전자책 발간(2014. 5. 8.)

- **형태 및 쪽수**: 전자책(e-book), 250쪽
- **내용**: 신세대 공직자 100명의 청렴 다짐
- **전자책 바로가기** http://cleangbe.blog.me/60214256281

청렴 에세이집 '청렴이 꽃피는 계절' 전자책 발간(2014. 12. 2.)

- 형태 및 쪽수: 전자책(e-book), 106쪽
- 내용: 청렴 에세이 공모전 우수 작품 27편
- 전자책 바로가기 http://cleangbe.blog.me/220194752633

2015

청렴 적극행정 우수 사례집
'적극행정이 세상을 바꾼다' 전자책 발간(2015. 6. 19.)

- 형태 및 쪽수: 전자책(e-book), 33쪽
- 내용: 적극행정 우수 사례 16편, 청렴 포스터 8편
- 전자책 바로가기 http://cleangbe.blog.me/220392783290

나의 청렴 스토리 공모전 우수 작품집
'나의 청렴 이야기' 전자책 발간(2015. 12. 21.)

- 형태 및 쪽수: 전자책(e-book), 284쪽
- 내용: 나의 청렴 스토리 우수 작품 95편
- 전자책 바로가기 http://cleangbe.blog.me/220570268115

📂 파급효과(성과)

- 청렴 페이스북과 연계한 감사관 블로그 운영으로 청렴 홍보 극대화(2014. 1.~2016. 10.)
  - 총 850개 자료 탑재, 방문 횟수 15만 1,328회, 조회 수 23만 4,661회
- 청렴시책 참여 인원 확대 및 자율적으로 참여하는 청렴문화 확산
  - **2014** (448명) ⇨ **2015** (1,107명) ⇨ **2016** (922명)

연도	날짜	제목	참여 인원
2014년	2014. 2. 20.	청렴 다짐 릴레이 '함께해요 청렴!'	280
	2014. 3. 6.	부조리한 관행 개선을 위한 '함께 얘기해요'	125
	2014. 3. 28.	제1회 청렴 에세이 '청렴? 생각나는 대로 쓰기' 공모전	43
	합계		448
2015년	2015. 1. 23.	청렴 더하기 UCC, 포스터 공모전	44
	2015. 2. 11.	제1회 청렴! 적극행정 우수 사례 공모전	36
	2015. 3. 4.	이야기가 있는 청렴 '나의 청렴 스토리'	1,027
	합계		1,107
2016년	2016. 2. 29.	제2회 청렴! 적극행정 우수 사례 공모전	15
	2016. 7. 1.	주제가 있는 청렴! 공익신고자 보호제도 공모전	907
	합계		922

● 적극적인 청렴 우수 사례 선정 및 시상으로 칭찬하고 독려하는 문화 확산
 - 2014. 1.~2016. 12.: 10기관, 96명, 910만 원 시상

● 청렴시책 우수 사례 타 시도 전파 사례

경상북도교육청	서울시 성동광진교육지원청	인사혁신처
청렴! 적극행정 우수 사례 공모전 (2015년 3월 시행)	청렴한 성동광진 적극행정 우수 사례 공모 (2015년 7월 시행)	적극행정 우수 사례 경진대회 (2016년 7월 시행)
접수 기간: 2015. 3. 2.~3. 31. 제출 대상: 최근 4년간	접수 기간: 2015. 7. 6.~8. 14. 제출 대상: 최근 3년간	접수 기간: 2016. 7. 18.~9. 2. 제출 대상: 최근 3년간
▶ 시설, 공사, 계약 등 적극행정으로 예산을 절감한 사례 ▶ 선례 답습을 타파하고 창의적으로 업무를 개선한 사례 ▶ 적극적인 노력으로 민원을 원만하게 해결한 사례 ▶ 기타 적극행정한 모든 사례	▶ 시설, 공사, 계약 등의 분야에서 적극행정으로 예산을 절감한 사례 ▶ 선례 답습을 타파하고 업무를 효율적으로 개선한 사례 ▶ 적극적인 노력으로 민원을 원만하게 해결한 사례 ▶ 기타 적극행정을 펼친 모든 사례 ▶ 적극행정으로 학부모 및 학생 만족도를 제고한 사례	▶ 최근 3년 이내 개발 시행되었거나 시행 중인 적극행정 우수 사례 (3년 이전 사례도 구체적 성과가 있으면 가능)

경상북도교육청	서울시 북부교육지원청
나의 청렴 스토리 공모전 (2015. 3.)	나의 청렴 이야기 공모전 (2016. 7.)

　이 자료는 우리 교육청에서 부서별 1건씩 제출하는 특색 사업으로 보고되었다. 2016년 시도교육청 평가 정부 3.0 지표에 제출된 우리 교육청의 정성평가 3건 자료 중 대표 자료로 제출되었으며, 평가 결과는 1점 만점에 1점을 받았다. 2016년 인사혁신처 주관 '적극행정 우수 사례 경진대회'에 지원한 우리 교육청의 응모작이었다.

　그 당시 감사과 국장님은 부서에서 개인의 실적에 따라 근평을 부여했다. 다른 부서에서 일반적으로 경력 순서대로 나열하는 근평 체계와는 전혀 새로운 시도였다. 물론 경력이 많은 직원들은 불만이었겠지만, 나는 해볼 만하다고 생각했다. 승진한 지 얼마 되지 않기 때문에 밑져야 본전이었다.

 이것저것 생각나는 대로 미친 듯이 실적과 보도자료를 쏟아냈더니 정말 근무 성적에서 바로 위의 기수 선배를 앞지르게 되었다. 그 근평 한 번이 내 근평 순위에 영향을 미치지는 않는다. 다만 나에게는 연공서열이 아닌 실력으로 앞질렀다는 사실 자체만으로도 상당한 동기부여가 되었다.

 1년이 지나 새로운 국장님이 부임하면서 다시 경력순이라는 기존 체제로 돌려놓았다. 그때부터 사람들은 업무에 적극성이 떨어지는 모습이 한눈에 보였다. 어차피 근평은 경력순이기 때문이다.

 어떤 사람들은 감사과에서 이렇게 미친 듯이 새로운 기획과 보도자료를 쏟아내는 나를 보며 "본인 실적이 되는 것만 한다"라고 얘기하는 사람들도 있다고 했다. 난 그런 말들에 별로 신경 쓰지 않았다. 그런 말 하나하나에 다 신경 쓴다면 내가 할 수 있는 일은 아무것도 없기 때문이다.

 2021년 1월, 6급으로 승진하면서 9년 6개월간의 본청 생활을 마감했다. 그리고 학교에 근무한 지 4년이 지났다. 본청 근무자의 기본 코스는 최대 3년 정도까지만 학교에서 근무하고 다시 본청에 전입하는 것이 일종의 룰(?)이었다. 그 후에 사무관, 서기관으로 승진하는 것이 최종 목표이기도 하다. 시기가 되니 6개월마다 본청 총무과에서 인사 때마다 전입하라는 전화가 왔다.

인사과 7급 직원의 전화를 거절하자 감사과에서 같이 근무했던 당시에 인사과 6급 차장한테 다시 전화가 왔다. 지난날 인사과 근평 담당자였고, 내가 8급일 때 본청에 내신을 내라고 했던 분은 현재 행정국장이 되셨다. 행정국장님이 나를 콕 집어서 다시 물어보라고 하시기에 본인도 어쩔 수 없이 전화했다고 했다. 행정국장님께는 고맙고 죄송한 마음이지만, 역시 본청에는 가지 않겠다고 얘기했다.

지금 본청에 들어가는 경우 6급으로 5~6년을 더 근무하면 사무관이 될 것이고, 지역의 행정지원과장을 거쳐 본청 4급 과장까지는 갈 것이다. <u>머릿속에 퇴직까지 미래의 내 모습이 이미 지나간 인생처럼 한눈에 그려졌다.</u>

공직 생활 18년, 조직에서 승진 경쟁을 하기보다 사회적으로 도움되는 사람이 되고 싶다는 생각이 들었다. 다른 사람들도 가는 이미 정해진 안전한 길이 아니라 남들이 가지 않는 길을 선택한다면 남은 인생이 얼마나 흥미진진하겠는가? 그래서 나는 또 다른 두 번째 인생을 '나답게' 살기로 했다.

2부 나만의 콘텐츠를 찾다

1

공문서 작성법 정리를 시작하다

　　　　　2007년 7월 공무원 첫 발령을 시작으로 학교에서 4년을 근무한 후 본청에 전입했다. 일 처리를 하며 정신없이 시간이 흘렀는데 그런 중에도 한 가지 의문이 들었다. '공문서 작성법'은 아무도 관심을 가지지 않는다는 사실이었다. 저마다 자기 할 일을 하느라 바빠서 그냥 쓰던 대로, 관행대로 공문을 작성할 뿐이었다. 무엇이 올바른 규정인지, 무엇을 참고해야 하는지 알려주는 사람도 없었다.

　시간이 흘러 드디어 나도 7급으로 승진했다. 부서에서 제일 막내였고 나 혼자 8급이었기에 더 기뻤는지도 모른다. 그런데 한 가지 문제가 있었다. 승진은 했지만, 여전히 내가 쓰는 공문이 맞는지 틀리는지도 모르고 발송해야 한다는 사실이 부끄러웠다. 그래서 결심했다. 아무도 알려주지 않는 공문서 작성법을 내가 직접 정리해 보기로 한 것이다. '공문서 작성에도 기출문제가 있지 않을까?' 실무자로서 가장 많이 쓰는 표현만 정확하게 찾아낼 수 있다면 공문서를 가장 효율적이고 올바르게 쓸 수 있다는 생각에서였다.

인터넷에서 관련 책자와 규정을 찾기 시작했다. 매뉴얼에 나오지 않는 내용은 국립국어원과 행정안전부, 법제처에 직접 질문하여 받은 답변을 따로 정리했다. 다른 지역에서 공문서 작성법 매뉴얼을 발간했다는 뉴스를 접할 때마다 해당 기관의 홈페이지에서 자료를 받아 확인했다. 자료가 없는 기관은 직접 연락하여 자료를 요청하고 확인하는 절차를 거쳐서 한글 문서에 요약했다.

마지막으로, 공문을 작성할 때 참고하여 바로 적용할 수 있도록 공문 작성 순서에 따라 배열했다. 처음에는 그저 2~3쪽 정도로 시작한 분량이 시간이 갈수록 늘어났다. 요약본을 추가하여 업데이트할 때마다 부서원이나 지인들에게 내부 메신저로 보내주었다. 공문서 관련 책자가 새롭게 발간된 것을 나에게 직접 가져다주는 분들도 있었다.

감사과에 근무할 때 부서에서 하는 '직원 만남의 날'이라는 행사가 있었다. 업무 노하우를 직원들 간에 공유하는 시간이었는데,

'공문서 바로 쓰기' 요약집을 직원들에게 나눠주고 설명하기도 했다. 감사과에 전입한 직원들을 대상으로 공문서 작성법을 강의하기도 했다. 재무과로 부서를 옮기면서 회계 분야 직무연수에서 담당 업무였던 지출 업무 감사 사례와 함께 공문서 바로 쓰기 내용을 빼놓지 않았고 연수 책자에도 부록으로 실었다.

시간이 흘러 본청 '업무 개선 과제'로 본청 전입 일반직 공무원과 교육전문직원을 대상으로 회계 교육과 공문서 바로 쓰기 교육을 시작했다. 2013년부터 2020년까지 약 8년이라는 시간 동안 아무도 관심을 가지지 않던 일을 혼자 즐겁게 하고 있었다. 나에겐 '배움의 즐거움'이었다.

하루는 예전에 같은 부서에서 근무했고 평소 친분이 있던 총무과 팀장님께서 내가 근무하는 부서에 직접 찾아왔다. 최근에 교육감님께서 우리 교육청도 공문서 작성법에 관심을 가지라는 말씀을 하셨다고 했다. 그리고 오늘 총무과로 업무분장이 되었다고 했다. 팀장님은 급한 마음에 내 생각이 났을 것이다.

나는 팀장님께 8년 동안 정리해 온 자료를 모두 드리면서 이렇게 말씀드렸다.

"교육감님께는 잘 말씀드려 주십시오."

2

4년 후에
채택된 제안

       2016년 우리 교육청 공무원 제안 공모전에 업무관리시스템을 연계한 '공문서 바로 쓰기' 표준안을 제작하자는 제안서를 제출했다. 공문서를 가장 많이 작성하는 화면 아래쪽에 배너를 설치해서 표준안을 바로 확인할 수 있다면, 실무에 가장 쉽게 적용할 수 있겠다는 생각이었다. 하지만 주관 부서였던 총무과 담당자는 17개 시도교육청이 함께 쓰는 업무관리시스템은 우리 교육청만 별도의 배너를 만들기가 어렵다고 답변했다.

  4년이 지난 2020년에야 이 제안은 '본청 업무 개선 및 경감 사항'으로 다시 제출되었다. 나의 소속 부서가 현재 업무를 주관하는

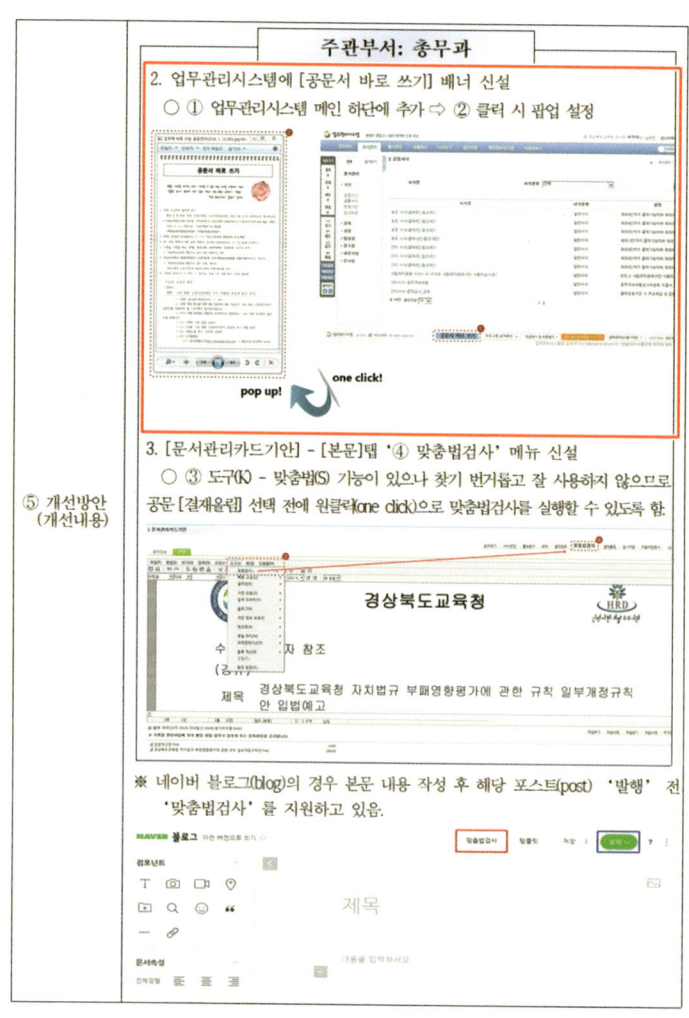

부서는 아니었기 때문에 주관 부서와 공동 제안자로 표기될 수밖에 없었다. 어쨌든 이런 노력으로 현재 우리 교육청에서 쓰고 있는

K-에듀파인 오른쪽 퀵 링크Quick Link 메뉴에 '공문서 바로 쓰기' 배너가 만들어졌다.

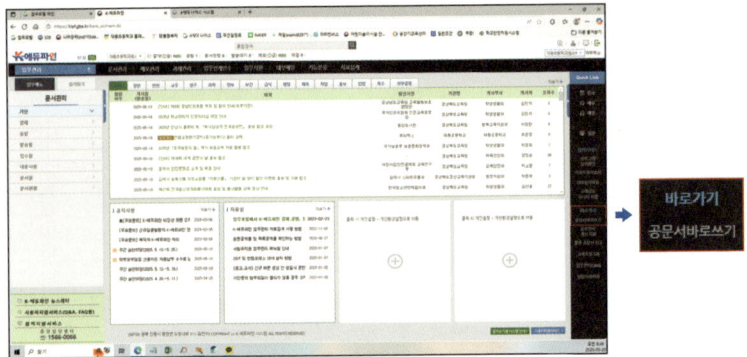

지난번에 공문서 작성법 자료를 모두 드렸던 총무과 팀장님은 그 뒤로 특별한 연락이 없었다. 그 자료는 총무과 내부에서 '누가 이 업무를 할 것인가'를 두고 서로 떠넘기기를 하고 있는 상태였다. 결국 처음 전달했던 팀이 아닌 다른 팀으로 그 자료가 넘어갔고, 8년 동안 고민해서 만든 자료는 에듀파인에 링크된 '공문서 바로 쓰기' 자료를 작성하기 위한 한낱 참고용 자료 중 하나에 불과했다.

당시 업무관리시스템 담당자로 지정된 분이 혼자 이런저런 자료를 참고해서 만들더니 그 흔한 참고 문헌의 출처 표시 한 줄조차 넣지 않았다.

'나 혼자 기대가 컸던 것일까?'

그동안 업무분장이 안 된 상태에서 혼자 좋아서 한 일이었지만, 다른 부서로 업무분장이 되는 순간부터 내 권한 밖의 일이 되어버렸다.

심지어 '남의 업무를 왜 그렇게까지 하느냐?'라고 하는 사람도 있었다. 하지만 난 그런 사람들의 말은 전혀 신경 쓰지 않았다. 그런 상황에서도 내 뜻대로 내 길을 계속 가기로 했다.

우연히 공문서 관련 뉴스 기사를 검색하다가 공군에서 공문서 작성법 책자를 발간하여 전 부대에 배포했다는 사실을 알게 되었다.

> **공군, 『공문서 작성법』 발간… 전 부대 배포**
> 공군본부 인사참모부는 6일 간부들의 공문서 작성 능력 향상을 위한 『공문서 작성법』 책자를 발간해 전 부대에 배포했다고 밝혔다.
> 특히, 책자는…국립국어원의 감수를 거쳐 공군뿐만 아니라 전군에서 유용하게 쓰일 수 있도록 했다.

기사에는 국립국어원의 감수를 거쳤다는 문구도 있었다.

'그래 바로 이것이다!'

국립국어원 홈페이지에서 감수와 관련된 내용을 찾기 시작했다. 공공기관에 근무하는 사람은 누구나 공문서에 대한 감수 요청을 할 수 있는데, 해당 게시판에서 감수 신청을 하고 감수 진행 현황까지 조회할 수 있었다.

내용을 대략적으로 파악한 후에 국립국어원 공공언어과에 직접 전화를 걸었다. 담당자인 직원에게 잠시 내 소개를 한 후에 최근 공군의 기사에서 언급한 감수 얘기를 했다.

게시판을 이용해서 감수를 신청하는 시스템이 있지만 그보다는 우리 교육청이 공문으로 국립국어원에 감수 요청을 해도 되는지를 물었다. 감수를 받는 것도 중요하지만 사실상 공식적인 절차가 필요하다는 생각이었다.

다행히 국립국어원 담당자는 너무나 흔쾌히 대답했다.

"공문으로 요청하시면, 감수 후에 공문으로 회신해 드릴게요."

3

국립국어원 감수와 대국민 공개

국립국어원에 감수를 요청한 지 4주가 지났을 무렵 감수본을 공문으로 받을 수 있었다. 가슴이 벅차오르는 기분이었다.

24쪽짜리 감수본을 처음부터 끝까지 꼼꼼하게 살펴보았다. 국립국어원 담당자가 하나하나 분석해서 수정해 주었다. 수정 사항을 요약본에 반영하는 데만 꼬박 4시간이 걸렸다.

'이것으로 무엇을 할 수 있을까?'

현재까지 발간된 공문서 지침서를 모두 분석해서 실무자에게 꼭 필요한 내용만 담았고 국립국어원 감수까지 마쳤으니 이제 대

사람이 있는 문화

국립국어원

수신 경상북도교육감(유초등교육과장)
(경유)
제목 공공언어 감수 결과 알림(업무에 바로 쓰는 공공언어)

1. 귀 기관이 무궁히 발전하기를 기원합니다.
2. 경상북도교육청 유초등교육과-10558호(2020. 7. 10.)와 관련하여 공공언어 감수 결과를 붙임과 같이 알려 드립니다.
3. 또한, 국립국어원 공공언어 감수 지원 사업의 원활한 추진에 참고하고자 하오니 감수 의견 반영 결과와 만족도 설문 결과를 회신해 주시면 고맙겠습니다. 회신이 없을 경우 앞으로 감수 지원이 어려울 수 있음을 이해해 주시기 바랍니다.

붙임 1. 국립국어원 감수 결과 1부.
      2. 만족도 설문지 1부. 끝.

국립국어원장

| | | 학예연구관 | | 공공언어과장 | 전결 08/06 |

협조자

시행 공공언어과-742   (2020. 8. 6.)   접수 유초등교육과-11674   (2020. 8. 6.)
우 07511 서울특별시 강서구 금낭화로 154 (방화3동 827) 국립국어원 / http://www.korean.go.kr
                                                                    / 공개

자유와 창의가 넘치는 문화국가
2020.08.10 09:09 유초등교육과 이무하

국민 공개를 해야겠다는 생각이 들었다.

'그래, 우리나라의 공문서를 올바르게 바꿔보자!'

당시에 운영하고 있던 '공문서 작성의 정석'이라는 네이버 블로그에 감수가 완료된 자료를 공개했다. 공문서 작성이 어려운 사람들에게 정확한 자료를 제공해서 누구나 이 자료만 참고하면 공문서를 쉽고 올바르게 작성할 수 있도록 하자는 취지였다.

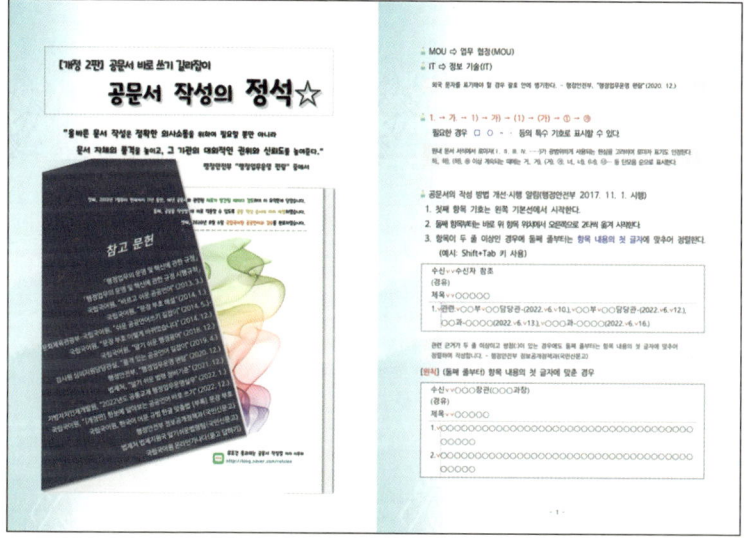

대국민 공개 후에도 행정안전부의 〈행정업무운영 편람〉이 개정되거나 국립국어원에서 공문서 관련 지침서가 발간될 때마다 이 내용들을 추가로 반영하여 계속 보완해 나갔다.

현재 이 자료는 '공문서 작성의 정석' 블로그에서 34쪽짜리 PDF 파일로 누구에게나 무료로 배포하고 있다. 단언컨대 이 자료는 우리나라 공무원, 공공기관 및 대학교 직원들이 가장 많이 보는 공문서 작성 요약본이 되었다.

4

첫 외부강의 신고

　　　　　　첫째 아이가 태어나면서 시작한 육아 블로그를 9년째 운영하고 있었다. 첫째가 3학년이 되고 둘째가 초등학교에 입학할 즈음에 아이들 영상과 사진으로 포스팅한 게시물이 2,000건이 넘어섰지만 과감하게 모두 비공개 처리를 했다. 지금부터는 이 블로그를 '공문서 작성법'을 주제로 운영하기 위해서였다.

　블로그 제목을 '공문서 작성의 정석'으로 바꿨다. 그리고 공문서를 작성하는 방법과 강의 관련 내용을 포스팅하기 시작했다. 공문서를 처음 접하는 신입 직원들도 이해하기 쉽게 짧은 칼럼으로 꾸준히 글을 올렸다. 현재는 등록한 글이 1,100개를 넘어섰고, 하루 평균 방문자 수는 2,000명으로 늘어났다.

한번은 서울의 모 공공기관에 근무하는 교육 담당자가 내 블로그에 포스팅한 글을 보고 댓글로 공문서 작성법 강의를 요청해 왔다. 생전 처음 있는 일이라 사실 좀 부담스러웠다. 외부강의는 해본 적도 없고 공무원에게 외부강의라는 것은 업무 외적인 일을 하는 것처럼 안 좋게 보였기 때문이다. 또 외부강의 신고 절차도 있다는 것을 어렴풋이 알고 있었기에 여러모로 번거롭다고 생각했다.

교육 담당자의 연락처를 받은 후, 머릿속으로 어떻게든 강의 요청을 거절할 이유를 정리하고 있었다. 올해는 이미 교육연수원을 포함하여 여러 기관에 강의를 다녀왔기 때문에 추가로 강의를 하기 어려울 것이라고 생각했다.

"죄송합니다. 최근에 제가 여러모로 출장이 많아서 이번에는 출강하기가 어려울 것 같습니다"라고 얘기하면, "네, 알겠습니다"라고 대답할 것이라고 상상하며 담당자에게 전화를 걸었다.

미리 준비한 답변을 했는데, 교육 담당자의 반응은 내가 예상했던 것과 달랐다.

"강사는 많은데 좋은 강사를 찾기가 힘듭니다"라고 시작하면서, 내 블로그에 게시한 '공문서 바로 쓰기 길라잡이'의 내용을 읽어보고는 꼭 이 강의를 들어보고 싶다고 했다. 모든 일정을 나한테 맞출 테니 꼭 와달라고 얘기하는 것이었다.

"제가 현직 공무원이라서 외부강의 출강이 그렇게 자유롭지는 않습니다"라고 거절하는 이유를 또다시 얘기했지만, 본인은 이 분야에서 일반 강사보다는 현직 공무원을 더 선호한다면서 끝까지 꼭 와달라고 요청했다.

<u>'그래, 내가 뭐라고 이렇게까지 요청하는데 거절할 수 있을까?'</u>

결국 그 담당자의 적극적인 태도에 마지못해 KTX를 타고 서울에 첫 외부강의를 가게 되었다.

모 지자체에서는 나 같은 실무자보다는 대학교의 교수를 더 선호한다고 한다. 한번은 교육 담당자가 공문서 작성법 강사를 이번에는 실무자급으로 변경해 보는 것이 어떻겠냐고 팀장에게 건의했더니, 그동안 교수가 강의를 해왔는데 '급'이 안 맞는다고 단칼에 거절했다고 한다.

'공문서 작성법'을 가르치는데 '실질적으로 도움이 되느냐'가 아니라 '급'만 따지는 곳이 아직도 있었다. 그런 기관에 비하면 이 교육 담당자는 정말 생각이 앞서가는 사람이었다.

강의를 준비하고 서울에서 처음으로 외부강의를 진행하면서 나의 생각도 많이 달라졌다. 나의 강의는 그냥 한번 스쳐 가는 강의가 아니었다. 연수생들은 내 강의를 듣고 내가 가르쳐준 대로 올바르게 고쳐 쓰고 있었다.

나만의 콘텐츠를 찾다

내가 그동안 요약해서 정리해 온 매뉴얼이 강의한 기관에서 공문서 작성법 공식 매뉴얼이 되었다. 그들은 그 매뉴얼을 옆에 두고 참고하면서 공문서를 작성했다. 한 번의 강의로 기관이 변화하는 것을 직접 보고 또 한 번 보람을 느꼈다. 그동안 우리 교육청 연수원의 출강 요청만 기다리고 있었는데, 세상은 넓고 내가 앞으로 가야 할 곳이 많다는 것을 느낀 하루였다.

5

공직 사회의
공문서를 민간 강사가
교육한다고?

하루는 경상남도교육연수원에서 강의 요청이 왔다. 연수원 담당자가 내 블로그를 봤다고 하면서 경남교육청의 8급 승진자를 대상으로 3시간짜리 강의를 해달라고 요청했다. 그렇게 해서 다른 시도교육청 연수원에 처음으로 출강하게 되었다.

3시간짜리 강의를 준비하면서 참고 서적으로 관련 분야의 책 한 권을 읽었다. 책에서 가장 기억에 남는 것은 민간 컨설팅 회사에서 외부 강사가 공무원을 대상으로 보고서 교육을 하고 있는 상황을 꼬집은 것이었다.

공문서 작성법도 마찬가지라는 생각이 들었다. 실무 경험이 전혀 없는 민간의 외부 강사가 공무원을 대상으로 공문서 작성법 강의를 하는 것이 애초에 말이 안 되었다.

'공문서라는 것은 공무원이 매일 작성하는데 왜 공문서를 제대로 써본 적도 없는 민간인한테 교육을 받는 걸까? 그들이 우리처럼 공문을 직접 기안해서 발송 버튼을 한 번이라도 눌러봤을까?'

실무 경험이 전혀 없는 민간 강사에게 교육을 받아본들 〈행정업무운영 편람〉과 같은 매뉴얼에 적힌 내용만 전달하는 수준밖에 되지 않는다. 그런데도 공공기관은 아무런 문제의식 없이 반복적으로 민간 강사에게 실무적인 교육을 맡기고 있는 실정이었다.

최근 강의를 요청한 기관의 담당자는 이런 얘기를 했다.

> "우리 기관은 공문서에 신경 쓰는 상사들이 많아서 매년 1회 전 직원 대상으로 공문서 작성법 강의를 실시해 왔고, 작년에는 특히 서울의 유명한 교육 컨설팅 업체에 의뢰해서 공문서 강의를 실시했습니다. 그런데도 윗분들은 직원들의 공문서가 나아지지 않는다고 하시네요."

"그건 정리가 안 돼서 그런 겁니다."

연수생들은 공문서 작성법을 체계적으로 정리한 자료가 필요하다. 강의를 들을 때는 집중해야 하기 때문에 필기는 최소화해야 한다. 강의의 순서는 물 흐르듯이 구성되어야 이해하기 쉽고, 강의 후에 연수생들은 정리된 자료만 보더라도 더 이상 질문이 없어야 한다.

마지막으로 남은 것은 연수생들의 노력이다. 강의 후에 자료만 반복해서 보면 공문서 작성법은 한마디로 '끝'인 것이다.

교육 컨설팅 업체의 인지도가 중요한 것이 아니라 '누가 강의하느냐'가 중요하다. 세상의 모든 컨설팅 업체가 자기들이 운영하는 모든 과정의 강사들을 어벤저스급으로 꾸릴 수는 없을 테니까.

6

서울대학교 강의 요청을 받다

        2022년 1월 이메일 한 통이 도착했다. 전국 대학교 교직원을 위한 고등교육 연수기관인 서울대학교 대학행정교육원의 연구원이 보낸 강의 요청 이메일이었다. 내용을 요약하자면 서울대학교에서 진행하고 있던 '행정문서 바르게 알고 쓰기' 실시간 원격^{ZOOM} 과정에 강의를 요청한다는 내용이었다.

  내가 현직 공무원으로서 해당 분야에 실제로 근무한 경험이 있고, 공문서 작성법 강의를 최근까지 하고 있는 것을 고려해서 선정했다는 것이었다. 그동안 모 교수님께서 이 과정을 맡아왔는데 첨부 파일로 보내온 기존 커리큘럼을 보니 4시간씩 이틀 동안 총

8시간 과정으로 진행해 왔었다. 커리큘럼에는 공문서 작성 방법뿐만 아니라 기록물 관리를 포함하여 보도자료, 보고서 등 각종 문서 작성이 모두 포함되어 있었다.

실제로 대학행정교육원이 어떤 기관인지는 잘 몰랐지만 '서울대학교'라는 이름만으로 이번 기회를 놓치고 싶지 않았다.

연구원과 직접 통화하면서 나는 이렇게 다시 제안했다.

"**공문서 작성법 강의는 4시간이면 충분합니다.** 보내주신 커리큘럼에서 기록물 관리도 필요 없고 이것저것 다 섞어서 하는 강의는 연수생들이 지루해할 뿐입니다. 저는 공문서 작성법만 4시간으로 끝내겠습니다!"

이때까지 나는 공문서 작성법 강의를 4시간이나 해본 적이 없었다. 길어야 3시간짜리였다. 그동안 서울대학교에서 8시간짜리 강의를 해왔는데 절반도 안 되는 3시간을 제안하면 바로 거절당할 것이 뻔했기에 4시간으로 얘기한 것이었다.

서울대학교도 이 과정을 4시간짜리로 진행해 본 적이 없기에 원장님의 최종 승인이 필요하다고 했다. 그런데 며칠이 지났는데도 담당자에게 연락이 없었다.

'실패한 것인가?'

개인적으로는 전국 대학교 교직원을 위한 연수기관이 서울대학교에 있는 것도 처음 알았지만 기회를 놓치고 싶지 않았다. 막연하게 기다리다가 내가 먼저 전화를 걸었지만 상대가 받지 않았다.

며칠 후 서울대학교 행정실로 다시 전화를 걸었다. 처음에 나와 통화했던 담당자는 코로나에 걸려서 병가를 낸 상황이었다. 자초지종을 설명하자 원장님은 이미 승인을 한 상태였고, 4시간짜리 강의를 시범적으로 1회 진행할 예정이라고 했다.

서울대학교에서 강의하기 전에 마침 시범적으로 강의할 기회가 왔다. 과학기술정보통신부 산하 정부출연연구소 및 관계 기관 신규자를 대상으로 국가과학기술인력개발원에서 4시간짜리 강의 요청을 해왔다. 강의 방법은 서울대학교와 같은 실시간 온라인이었고, 오창 청사에 설치된 K-라이브 스튜디오에서 진행되었다.

무선 핀 마이크를 달고 대형 멀티 화면을 보면서 강연하듯이 4시간 강의를 이어나갔다. 다행히 준비한 내용이 4시간을 훌쩍 넘

겼다. 실시간 원격 강의는 처음이었기에 스크린 바로 옆에 있는 채팅창으로 연수생들의 질문을 보고 대답하는 것까지 신경 쓸 여유가 없었다. 쉬는 시간이 되자 연수 운영자가 채팅창에 연수생들이 올리는 댓글도 읽어주고 호응도 해주라면서 강의에서 개선해야 할 점을 몇 가지 알려주었다.

드디어 서울대학교 및 전국 대학교 교직원을 대상으로 4시간짜리 강의를 줌^{ZOOM}으로 진행하는 날이 다가왔다. 강의 안내 공문이 서울대학교에서 전국의 모든 대학교로 발송되었다. 서울대학교를 포함하여 전국 40여 개 대학교 교직원 200여 명이 이번 강의를 신청했다. 담당자 말로는 지난해 8시간을 운영했던 과정과 비교할 때 올해 처음 시행하는 4시간 과정에 신청 인원이 2배 이상 몰렸다고 시작부터 상당히 긍정적이라고 했다.

강의를 위해 사전 질문을 받았고 강의 당일 파워포인트에 맞춰서 질문과 답변을 함께 설명하는 방식으로 준비했다. 이번 강의에는 한 가지 비장의 카드가 준비되어 있었는데 그것은 바로 실시간 줌 강의에 생동감을 불어넣어 줄 스타벅스 기프티콘 30장이었다. 강사료 총액의 20%를 홍보비로 활용해야겠다는 생각에서였다.

내 예상은 적중했다. 강의를 시작하고 강사의 질문에 맨 처음 채팅창에 답변한 사람의 이름을 부르며 스타벅스 기프티콘 5,000원 짜리 1장을 보냈다. 그러자 사람들이 자세를 고쳐 앉더니 모두 키

나만의 콘텐츠를 찾다

보드를 두드릴 준비를 했다. 너무나 많은 사람들이 채팅창에 대답하다 보니 화면이 순식간에 올라가서 처음 답변한 사람을 찾을 수가 없을 정도였다. 그렇게 4시간 동안 스타벅스 기프티콘 30장을 뿌려댔다.

강의를 시작한 지 1시간이 지났을 때 모 사립대학교 교육 담당자로부터 본인이 근무하는 대학교에 개별적으로 초빙하고 싶다는 DM(다이렉트 메시지)이 도착했다. 2시간이 지날 무렵 모 국립대학교 인사팀장의 강의 초빙 문의가 이어졌다.

강의가 끝나고 며칠 후 강의 평가 설문 결과를 받았다. '강사는 교육생의 질의 사항을 긍정적인 태도로 듣고, 적절한 피드백 및 답변을 제공하였다'라는 항목에서 5점 만점에 4.8점을 받았고, 강사 평가도 4.78점을 받았다. 강의 총평으로 '대학 행정에 꼭 필요한 강의', '개선할 필요 없이 이미 최적화된 강의', '입사 후 경험한 가장 유용한 강의'라는 평가와 함께 '동일 강사 재초빙 희망', '본인 근무 대학으로 강사 초빙 희망'이라는 설문 결과를 받았다.

이렇게 전국 대학교 교직원을 대상으로 시범적으로 운영한 4시간 강의는 그해 하반기에도 같은 과정을 개설해서 나를 강사로 초빙하는 것으로 결정했다.

서울대학교 대학행정교육원은 2022년 총 2회에 걸쳐 나를 강사로 시범적으로 4시간 강의를 진행한 결과 전국 대학교에서 '행정문서 바르게 알고 쓰기' 과정의 강의 수요가 충분하다고 판단했다. 그동안 연간 2회만 운영해 오던 과정을, 2023년부터는 나를 전담 강사로 연간 3회 진행하는 것으로 결정되었다.

2023년 강의를 진행한 결과 1기 270명, 2기 213명, 3기 191명으로 평균 강의 신청 인원은 200명을 넘어섰고 서울대학교 대학행정교육원의 '행정문서 바르게 알고 쓰기' 과정은 인기 강좌로 자리 잡게 되었다. 또한 연수생들의 요구를 반영하여 하루 5시간 강의로 조정하게 되었다.

2024년 3월 서울대학교 대학행정교육원은 대표 인기 강좌 2개를 선정하여 전국 380여 개 대학교 교직원을 대상으로 무료 특강을 개설하였는데, 그중 하나가 내가 출강하고 있는 '행정문서 바르게 알고 쓰기' 과정이다.

서울대학교 강의를 계기로 2022년과 2023년에 사립대학교 직원 연수기관인 한국사학진흥재단에 출강하게 되었다. 2022년 그해에 한국사학진흥재단 강의에서는 스타벅스 기프티콘 35장이 나갔고, 강사 평가 97.5점을 받았다. 이때 교육 담당자는 "올해 저희 재단 강의에서 제일 높은 만족도를 기록하신 것 같습니다"라고 했다. 그 강의에 실제로 참석했던 연수생은 다음과 같이 그날을 기억하고 있었다.

"강의는 정말 열정 만수르들의 모임으로 진행됐어요. 스타벅스 기프티콘이 아니라고 해도 다들 열심히 들으셨을 것 같은데 기프티콘이 걸리니 목숨 걸고 들은 것 같아요."

2025년에는 전국 대학교 교직원 연수기관인 '한국대학교육협의회 고등교육연수원'의 강의 요청에 따라 '공문서 작성 실무' 과정에 출강하게 되었다.

결국 나는 우리나라 대학교 교직원 연수기관인 서울대학교 대학행정교육원, 한국대학교육협의회 고등교육연수원, 한국사학진흥재단 등 3개 기관에 모두 출강하게 되었다. 전국의 주요 대학교에서 개별적으로 강의 요청이 계속해서 이어지는 것은 당연한 결과였다.

7

연세대학교 교육 담당자의 열정

하루는 연세대학교 신촌캠퍼스의 교육 담당자로부터 연락이 왔다. 연세대학교 교직원을 대상으로 직원 교육을 준비 중인데 올해는 8월 말까지 직급별 교육과 신입 직원 교육 일정이 이미 계획되어 있어서 9~11월에 강의를 의뢰할 예정이라고 했다.

연세대학교는 개인적으로도 꼭 한 번은 출강하고 싶은 대학교 중의 하나였다. 그 후로 교육 담당자와 꾸준히 연락을 주고받았지만, 구체적인 교육 일정을 잡기가 쉽지 않았다.

그동안 나는 전국 대학교 교직원의 대표적인 연수기관인 서울

대학교 대학행정교육원과 한국사학진흥재단에서 공문서 작성 관련 강의를 진행하고 있었다.

서울대학교 대학행정교육원에서 주관하는 줌 강의를 한창 하고 있는데 참가자 화면에 연세대학교 교육 담당자의 얼굴이 보였다. 그리고 두 달 뒤에 한국사학진흥재단 강의에서도 열심히 듣고 있는 모습이 보였다. 쉬는 시간이 되자 반가운 마음에 그 담당자에게 전화를 걸었다.

"선생님, 왜 같은 강의를 두 번이나 들으시는 거죠?"

그분 말씀으로는 지난번에는 강의를 신청해서 듣다가 사정이 생겨서 4시간 강의 중에 2시간만 듣고 나갔다고 했다. 그래서 오늘은 뒷부분 강의를 마저 듣고 싶어서 다시 신청한 것이라고 했다.

나중에 알게 된 사실이지만 이분은 나를 포함하여 전국에서 공문서 작성법을 강의하는 강사들의 강의를 직접 다 들어보는 중이었다. 본인이 근무하는 대학교 교직원들에게 가장 맞는 강사를 섭외하기 위해 2년을 준비했다고 한다.

심지어 이전에 서울대학교 대학행정교육원의 강의를 했던 교수님의 8시간짜리 강의도 들어보았다고 했다. 연세대학교에서 수강료 지원이 안 되면 개인 돈을 들여서라도 전국의 공문서 작성법 강의를 모두 들었다는 것이었다.

우리나라에 이렇게 열정을 가지고 일하는 분이 있구나 하는 생각에 신선한 충격을 받았다. 내가 그동안 봐왔던 사람들 대부분은 바쁜 업무와 일정으로 인터넷에서 한 번 정도 검색해 보고 강의를 요청하는 경우가 많았다. 본인이 소속된 대학교 직원들의 특강 개설 한 번을 위해 이런 노력을 기울인다는 사실이 놀라울 뿐이었다.

다행히 꼼꼼한 검증 과정을 통과하여 연세대학교에서 최종 강의 요청을 받았다. 그해 추운 겨울, 나는 연세대학교 신촌캠퍼스에서 실무자급 직원을 대상으로 이틀간 총 3회에 걸쳐 강의를 했다.

한창 강의가 진행 중일 때 처장님과 인사팀장님이 번갈아 강의를 잠시 듣고 나갔다. 연세대학교는 직원 교육에 관심이 많아서 외부 강사를 부르면 처장님께서 꼭 참석해서 청강을 하신다고 했다.

훗날 《무조건 통과하는 공문서 작성법》 종이책을 출간할 때 연세대학교 교육 담당자에게 추천사를 부탁했다. 이분의 열정을 내 책에 꼭 담고 싶었기 때문이다.

연세대학교는 2022년 12월 실무자급을 대상으로 첫 출강한 후 2년 만인 2025년 1월과 2월에 팀장까지 강의 대상을 확대했다.

8

전 국민 대상 무료 특강을 시작한 이유

2022년 4월 인천광역시교육연수원의 문서 작성 과정에 출강했다. 우리 교육청의 합격 동기가 인사 교류로 인천교육청 소속이 되었는데 내 강의를 들으러 왔다. 동기는 문서 작성 과정 공문의 강사란에 찍혀 있는 내 이름을 보고 반가운 마음에 교육을 신청했다고 한다.

강의가 끝나고 며칠 후 그 동기에게 전화가 왔다. 인천광역시교육청 소속 공무원을 대상으로 무료 특강을 부탁한다는 것이었다. 인천광역시교육청은 '낮에는 연수원에서 교육을 받고, 밤에는 린치핀아카데미에서 학습한다'라는 취지로 만들어진 연수 모임을 몇몇 공무원들이 자율적으로 운영하고 있었다.

　퇴근 후 저녁 시간에 매월 2~3회 정도 온라인으로 강사들의 재능기부를 통해 실무적인 강의를 개설해서 운영하고 있었다. 무료 특강은 처음이지만 좋은 취지라서 거절할 수 없었다. 수강생들이 많길 바라며 강의를 진행하기로 했다.

　6월 어느 날 저녁, 인천광역시교육청 소속 공무원 70여 명을 대상으로 저녁 7시부터 10시까지 3시간 줌 무료 특강을 처음으로 진행했다. 이번 강의는 희망하는 사람들이 모여서인지 열심히 집중해서 호응하는 모습에 힘이 났다. 강의 중간중간 재미있는 말로 연수생들과 함께 웃으며 강의를 이어갔다.

"개별적으로 과외를 해주실 수는 없나요?"
"온라인 강의는 없나요?"

　시간이 흐르자 블로그에 이런 문의를 남기는 분들이 점점 늘어갔다. 내가 하는 공문서 작성법 강의는 공공기관이나 대학교에서 소속 직원 대상으로 강의 요청에 따라 진행되기 때문에 몇몇 개인을 대상으로 강의할 수는 없었다.

　이 부분을 고민하다가 인천에서 처음 무료 특강을 진행했던 기억을 떠올렸다. 공문서 작성법 강의가 필요한 사람은 누구나 무료로 들을 수 있는 기회를 제공하고 싶었다. 배움의 마지막은 베푸는 것이기 때문이다.

　줌에서 제공하는 기본 용량은 최대 40분만 무료로 지원되다 보니 3시간 강의에 맞지 않았다. 개별적으로 유료 결제를 하면 시간제한 없이 한 번에 1,000명까지 수강할 수 있다고 하니 유료 계정을 사용하기로 했다.

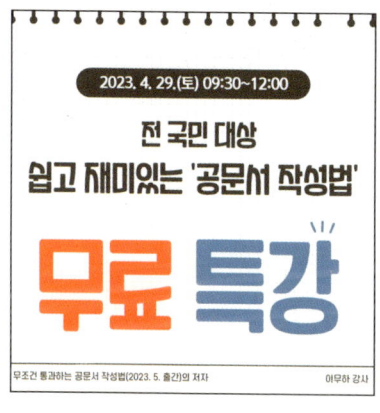

　2023년 4월, 줌에서 필요한 계정을 사비를 들여서 결제했고, 수요자가 원하는 특강을 열고자 네이버폼으로 설문 조사를 실시했다. 희망하는 시간대의 설문 결과를 토대로 최종안을 확정해서 블로그에 안내했다.

　약 2주에 걸쳐서 330명이 강의 신청을 했고, 2023년 4월 29일 토요일 오전에 전 국민을 대상으로 처음 무료 특강을 진행했다.

　강의 날짜가 토요일이어서인지 실제로 강의에 참석한 인원은 예상보다 적었다. 설문 조사 결과 3시간보다 2시간 강의 요청이 많았기에 2시간 30분 정도로 조정했다. 그런데 강의를 진행하다 보니 2시간 30분을 이미 초과했고, 질문에 답변하다 보니 결국 3시간짜리 강의가 되어버렸다. 마치는 시간까지 강의에 함께해 주신

분들을 보며 힘을 내서 첫 무료 특강을 잘 마칠 수 있었다.

3시간 가까운 시간 동안 강의가 진행됐다. 하지만 전혀 지루하지 않았고 매번 유레카를 외치는 이 상황! 3시간 동안 물개박수만 쳤다. 그냥 이 강의를 이렇게 표현하고 싶다.

"가려운 곳을 시원하게 긁어주는 강의."

강사님의 무수한 세월이 담긴 열정과 노력 그리고 정수만 모은 알짜 강의를 무료로 듣는 것이 죄송스러운 마음이었다. 그 어떤 값을 지불했던 강의보다 값졌던 오늘 강의. 자신 없던 공문서 작성이 이제 누구보다 기다려진다.

그리고 강사님에게 진심으로 존경의 마음을 표하고 싶다. 강사님의 노력과 헌신 덕분에 공문서의 바이블이 탄생한 것 같다. 진심으로 감사했어요, 오늘.

– 후기 중에서

우연한 기회에 교사를 대상으로 하는 온라인 교육 플랫폼 중 대표적인 원격연수원인 티처빌에서 줌 계정을 300명까지 상시로 무료 제공한다는 사실을 알게 되었다. 2023년 4월에 사설 줌 계정을 구입하여 처음 시작한 무료 특강은 티처빌 연수원의 쌤동네라는 시스템을 활용하여 2023년에 총 3회를 진행했고, 2024년에는 5회까지 확대했다. 2년간 무료 특강에 1,400여 명이 신청했고 900여 명이 실제로 강의에 참여했다. 이 무료 특강은 앞으로도 계속해서 운영할 계획이다.

9

첫 대면 무료 특강을
대구에서 개최하다

하루는 교회의 청년부 목사님께서 대학생과 청년을 대상으로 무료 특강을 열어보자고 했다. 공문서 작성법이 지금 당장 필요하지는 않더라도 한 번 정도는 배워두면 좋을 것이라는 것과, 청년들도 나름 관심이 있을 것이라는 생각에서였다.

며칠 후 교회 부서장들이 회의하는 자리에서 모든 성도를 대상으로 강의를 진행하자는 의견이 나왔다. 갑자기 강의 대상이 청년에서 전 성도로 바뀌었다.

대면으로 하는 무료 특강은 처음이었는데 줌 강의보다 준비해야 할 것들이 너무 많았다. 강의 장소 선정부터 강의 홍보, 대상자

신청 및 접수, 등록부 및 간식 준비, 빔프로젝트의 파워포인트 송출 상태 점검 등 처음부터 끝까지 모든 것을 혼자 해야 했다.

요청에 따라 무료 특강을 하기로 했지만, 결과는 오로지 내 몫이었다. 일반 성도들이 공문서 작성법에 관심이 있을 리 없었다. 청년들은 아직 진로를 정하기 전이라 직장을 구하는 데만 관심이 있었다. 교사와 공무원들도 경력이 어느 정도 되면 공문서 작성법은 충분히 알고 있다고 생각하기 때문에 굳이 시간을 할애하지 않는다.

성도만으로 한정해서는 아무리 많이 잡아도 참석 인원이 20명이 안 되었다. 강의장의 좌석은 80석이었고 최대 130명까지 수용할 수 있었다. 강의를 신청하고 당일 참석하지 않는 사람들의 노쇼 no show를 감안한다면 최소 130명 이상 모집해야 한다.

먼저 포스터를 만들고 교회의 주요 출입구 4곳에 3주 동안 부착했다.

강의 장소는 대구였지만, 참석 목표인 130명을 채우기 위해서는 전국 단위로 신청을 받아야 했다. 운영하고 있던 블로그에 무료 특강 안내 게시글을 올렸고, 네이버폼으로 신청서를 받았다. 대구와 인근 지역에 있는 대학교, 공공기관, 연수원, 지자체의 교육 담당자에게 직접 연락해서 이메일 주소를 받은 후 해당 포스터를 안내했다. 구미시청은 감사하게도 내부 전산망인 새올게시판에 안내 글을 올려주기도 했다. 내가 근무하던 지역의 행정실장들에게는

메신저로 안내를 부탁했다. 전국 지방 공기업 교육 담당자, 대구와 경북 늘봄실무사, 경북 상담교사 등 각종 카톡방에도 무료 특강 포스터를 안내했다.

홍보 측면에서는 강의를 시작하기도 전에 상당히 성공적이었다. 교회를 포함하여 주변 사람들이 나를 그냥 공무원 정도로만 알고 있을 뿐 내가 어떤 책을 썼고 어떤 강의를 하고 있는지 전혀 몰랐기 때문이다.

2024년 한 해 동안 무료 특강을 줌으로 4회 진행했다. 통계적으로 본다면 무료 특강의 신청 대비 실제 참여율은 평균 50%였다.

대구에서 처음 진행하는 대면 특강도 무료라서 신청 대비 50%

의 참석률을 예상했다. 이 50%의 허수를 최대한 없애기 위해 신청한 분들에게 1차로 문자 메시지를 발송했다. 사전에 참석이 불가능한 분은 언제든지 내 휴대폰으로 참석하지 않는다는 문자를 회신할 것을 부탁했다. 대면이다 보니 그렇게 해야만 실제로 참석할 사람의 자리를 확보할 수 있기 때문이다.

결국 내가 목표로 정한 숫자인 130명 정도가 신청을 했다. 평소 좋았던 날씨가 갑자기 흐려지더니 강의 전날부터 비가 오기 시작했다. 그리고 강의 당일인 토요일 아침에 비가 쏟아부었다. 이런저런 이유로 강의에 참석하지 못한다는 문자를 아침까지 받는 상황이었다.

최악의 날씨에도 강의 시간이 임박하자 강의장에 사람들이 한꺼번에 몰려오기 시작했다. 서울에서 KTX를 타고 오신 분, 광주에서 버스를 타고 어제저녁에 도착해 강의장 근처에서 숙박하고 오신 분, 충남에서 아침 6시에 출발하신 분 등 전국의 각 지역에서 많은 분들이 참석했다. 이번 무료 특강은 전국에서 90여 명이 참석했고 정확히 오전 9시 30분에 시작해서 12시에 마쳤다.

이번 연수는 무료임에도 기대 이상으로 알찬 시간이었습니다. 아침에 비가 와서 잠시 고민했지만, 연수에 참석한 이후 그런 생각은 모두 사라졌습니다. 시간이 어떻게 흘렀는지도 모를 정도로 몰입하게 되었고, 배움과 경험이 가득한 시간이었죠. 강사님의 열정과 내실 있는 강의 덕분에 많은 것을 배우고 느낄 수 있었습니다. 교육의 새로운 시각을 열어주었습니다. 연수 후, 돌아가는 길에는 오히려 비가 더 정겹게 느껴질 정도로 만족스러운 경험이었고, 기회가 된다면 또 한 번 참석하고 싶다는 생각이 들었습니다.

- 후기 중에서

10

교육연구사님, 앞으로 이 과정 저 주십시오!

　2024년 3월, 전라남도교육청교육연수원의 교육연구사로부터 이메일을 한 통 받았다. 《무조건 통과하는 공문서 작성법》책을 읽어보시고는, 현장의 다양한 선생님들이 작성한 공문서를 검토하는 교감 선생님들을 위해 책의 내용을 전달하면 좋겠다는 내용이었다.

　3월에, 6월 중순에 예정된 교감 역량 강화 연수로 강의 요청을 하는 것이었다. 아쉽게도 3월에 이미 6월의 일정이 확정되어 있어서 거절할 수밖에 없었다. 그 후에도 여러 차례 이메일을 받았는데 8월에 있을 신규 교감 연수 또는 하반기에 있을 교감 역량 강화 과정으로 일정상 가능한 날짜가 있으면 꼭 모시고 싶다는 내용이었다.

7월과 8월은 전국 대학교에서 강의 요청이 많은 시기라서 결국 그해에는 출강하지 못했다. 교육연구사님의 요청을 여러 차례 거절하다 보니 미안한 마음이 들었다. 그래서 다음번에는 미리 말씀해 주시면 2025년 강의 일정 중에 하루를 빼겠다고 약속했다.

시간이 흘러 2024년 연말 즈음에 교육연구사님의 이메일이 도착했다.

> "잘 계셨죠? 강사님 뵙기가 참 힘들지만 지난번 말씀하신 내년 연수를 미리 예약하고자 합니다. 전라남도교육청교육연수원에서 중등 신규 교사를 대상으로 '공문서 작성의 실제' 과목을 편성하고 강사님을 모시고 싶습니다. 교육의 효과를 높이기 위해 분반으로 운영하며 하루에 3회 강의를 요청드려야 할 것 같습니다. 지난번 약속해 주신 것 기억하시죠?^^ 저희 전남과의 첫 만남 꼭 기대하겠습니다."

훗날 강의 요청 공문을 받았는데 연수 대상 인원이 468명이었다. 아침 9시부터 2시간 강의를 3회 차로 진행했는데 1차 252명, 2차 116명, 3차 100명이었다.

강의에 앞서 지난 무료 특강에서 전국의 교사 500명을 대상으로 강의를 2시간 30분 정도 진행했을 때 경력이 20년 차인 선생님의

강의 후기가 생각이 났다.

"그동안 저는 남들이 쓴 공문서를 따라서 그리고 있었습니다. 이런 강의를 신규 때 들었더라면 좋았을 텐데 아쉬움이 많이 남습니다."

강의를 시작하기에 앞서 이 이야기를 그대로 신규 교사들에게 들려줬다. 그랬더니 연수 기간 중 가장 피곤한 마지막 날인데도 모두들 눈이 반짝반짝 빛나기 시작했다.

첫 시간 강의를 마치고 강사 대기실에서 다음 강의를 위해 대기하고 있었다. 교육연구사님 두 분이 들어오더니 그해 7월에 있을 초등, 중등 교감 자격 연수 과정에서 강의해 달라고 했다.

보통은 초등 교육연구사와 중등 교육연구사님이 일정을 정리해서 오전, 오후로 강의 요청을 하는 경우가 드문데, 출강 일수가 제한되는 나를 배려해 준 것이었다. 그렇게 해서 7월 중 하루를 오전에 중등, 오후에 초등 교감 자격 연수 과정에 3시간씩 출강하는 것으로 했다.

신규 교사로 합격하고 받는 첫 연수에서 500명에 가까운 인원을 대상으로 하루 만에 강연할 수 있는 기회가 쉽게 오지 않는다. 그래서 이렇게 말씀드렸다.

"교육연구사님, 앞으로 이 과정 저 주십시오!"

어느 정도 시간이 흘렀을 때 전남에서 중등 신규 교사 468명의 강의 평가 결과가 궁금했다. 교육연구사님께 설문 조사 결과가 나왔는지 문자 메시지로 살짝 여쭤보았다. "97.63점입니다. 신규 연수에서 나오기 힘든 점수입니다"라는 답장이 왔다.

그러고는 또 다른 교육연구사님에게 강의 요청이 왔다. 다른 날을 뺄 수가 없어서 이미 강의가 확정된 날의 오전 3시간을 중등 교감 자격 연수로, 오후 2시간은 초등 교감 자격 연수로, 나머지 2시간을 수학 1정 정교사 과정으로 공문서 작성법 과목을 편성해서 출강하기로 확정했다.

11

나는 대한민국
대표 강사입니다

"강사님의 목표는 무엇입니까?"

어떤 분이 강의 중에 하신 질문이다.

"저의 목표는 우리나라의 공문서를 표준화하는 것입니다."

2011년 공문서 작성법을 정리하기 시작한 지 15년이 흘렀다. 2020년 8월 인터넷에 대국민 공개를 한 공문서 작성법 요약본 PDF 파일(34쪽)인 '공문서 작성의 정석'은 우리나라 공무원, 공공기관 및 대학교 직원이 가장 많이 참고하는 공문서 작성법 대표 매뉴얼이 되었고, 2025년 6월 현재 22만 회의 조회 수를 기록하고 있다.

우리 교육청 내부 강사에서 벗어나겠다고 다짐한 지 2년 만에

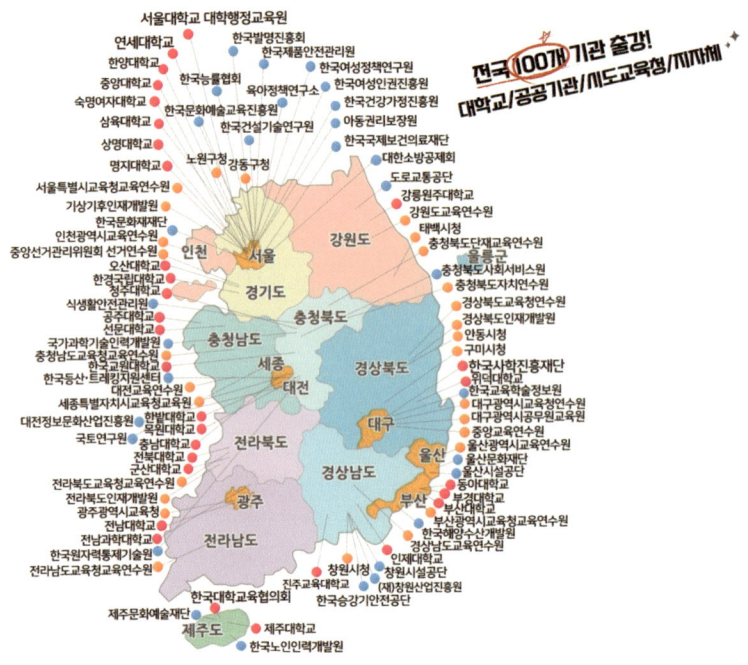

전국의 기관을 대상으로 외부 강의를 시작했다. 올해 강의 경력 7년 차로 서울대학교 대학행정교육원, 연세대학교 등 대학교 직원 연수기관을 포함한 전국 대학교, 공공기관, 시도교육청, 지방자치단체 등 전국 100개 기관에 출강하고 있다.

200명이 넘는 인원이 앞자리부터 끝까지 빼곡히 자리를 채우고 강의에 집중하는 모습을 한번 상상해 보라! 이 모습을 앞에서 바라보는 강사는 어떤 기분이 들까?

2023. 11. 28. 서울특별시교육청 소속 일반직 대상 강의(260명)

2024. 2. 16. 서울 센터 직원 대상 강의(230명)

처음 강의를 시작할 때와 달라진 점이 있다면 전국의 어떤 기관에 출강하든지 연수생 중에 이미 나를 알고 있는 분이 한 사람은 꼭 있다는 것이다. 그리고 쉬는 시간에 내가 쓴 책을 들고 와서 사인을 부탁하는 분들도 종종 있다.

올해는 12월까지 출강할 수 있는 날짜가 이미 마감되었다는 말에 내년 3월 교육 일정을 미리 예약하는 것을 보면 단순히 공문서 강의를 하는 강사가 필요한 것이 아니라 '나를 꼭 필요로 하는 분'이라는 생각에 감사함을 느낀다.

ChatGPT에서 "공문서 작성 강사 추천"으로 검색해 보았다.

≡ ChatGPT

공문서 작성 강사 추천 리스트

1. 이무하 강사

- **주요 경력**: 경북교육청 공무원, 실무 경력 17년.
- **특징**: 『무조건 통과하는 공문서 작성법』 저자.
  공문서 기본 원칙부터 실무 적용까지 깔끔하게 정리.
  초보자와 경력자 모두 수강 만족도가 매우 높음.
- **강의 스타일**: 친절하고 예시 중심. 실습 위주.

이무하 강사 강의 후기

이무하 강사의 공문서 작성법 강의는 실무 중심의 명확한 설명과 친절한 강의 방식으로 수강생들에게 높은 평가를 받고 있습니다. 특히 공공기관, 교육청, 대학교 등 다양한 기관에서 강의를 진행하며, 실무자들에게 실질적인 도움을 주는 교육으로 알려져 있습니다.

"이무하 강사 강의 후기"로 검색해 보았다.

= ChatGPT

📝 **수강생 후기 요약**

- **실무 적용성**: 강의를 통해 공문서 작성이 명확해졌다는 피드백이 많습니다. 특히, 기존에 다른 사람의 공문서를 참고하던 방식에서 벗어나 자신만의 공문서를 작성할 수 있게 되었다는 점이 강조됩니다.

- **강사의 열정과 전달력**: 강사의 진심 어린 열정과 친절한 설명이 인상적이라는 평가가 있습니다. 예시를 통해 개념을 쉽게 이해할 수 있도록 도와주며, 강의 시간 외에도 추가적인 설명을 제공하는 등 수강생에 대한 배려가 돋보입니다.

- **강의의 실용성과 효과**: 강의를 통해 공문서 작성의 기본 개념부터 실무에 필요한 기초 지식, 심화 내용까지 체계적으로 학습할 수 있으며, 실제 업무에서 바로 활용 가능한 팁과 사례를 제공하여 실용적이라는 평가를 받고 있습니다.

ChatGPT가 그간의 노력과 성과를 잘 정리해 준 것 같다.

📘 **관련 도서: 『무조건 통과하는 공문서 작성법』**

이무하 강사의 강의 내용을 바탕으로 한 책으로, 공문서 작성의 기본 개념부터 실무에 필요한 기초 지식, 심화 내용까지 체계적으로 정리되어 있습니다. 공공기관, 대학교, 시도교육청 등 다양한 기관에서의 강의 경험을 토대로 실무자들이 자주 사용하는 공문서 작성의 핵심 사항을 담고 있어, 강의를 직접 듣지 못하는 분들에게도 유용한 자료가 될 수 있습니다.

3부 나는 브랜드입니다

1

블로그의 힘

　　　　　왜 네이버 블로그일까? 페이스북, 인스타그램, 유튜브, 블로그 등 다양한 SNS(소셜 네트워크 서비스) 중에 굳이 블로그를 하는 이유가 뭘까? 내가 생각하기에 블로그는 기록의 저장소이다. 차곡차곡 기록을 쌓을 수 있고, 나를 직접적으로 드러낼 수 있으며, 네이버 검색으로 내가 쓴 글이 자동으로 연동되어 검색 결과에 노출된다. 기록한 것을 훗날 다시 찾아볼 수도 있다. 지금 이 순간에도 기억이 잘 나지 않는 내용은 지난 블로그의 기록과 사진을 참고하면서 글을 쓰고 있다. 나는 블로그를 개설한 지 20년째 잘 활용하고 있다.

2005년 9월 네이버 블로그를 처음으로 개설했다. 개인 홈페이지를 직접 만들고 나만의 글을 올리던 습관을 이어갈 또 다른 공간이 필요했다. 그래서 시작한 것이 네이버 블로그였다. 일상의 이야기를 글로 써서 올리던 공간은 첫째 아이가 태어난 2013년에 육아 블로그로 바꾸면서 아이의 영상과 사진들을 올리기 시작했다. 둘째 아이가 태어나고 아이들 모두 어느 정도 성장했을 무렵 2,000여 개의 영상과 사진들을 올리고 나서야 육아 블로그를 중단했다. 아이들의 어린 시절 예쁜 모습은 충분히 사진과 영상으로 담아 블로그에 기록했기 때문이다.

2021년 블로그 제목을 '공문서 작성의 정석'으로 바꾸었다. 그리고 '공문서 작성법'을 주제로 글을 올리기 시작했다. 처음에는 34쪽으로 요약하여 정리한 공문서 작성 방법을 블로그에 PDF 파일 형태로만 첨부했더니 관련 검색어 유입이 전혀 없었다.

시간이 흐르던 어느 날 34쪽의 내용을 블로그 포스트 본문에 그대로 정리해서 올려야겠다는 생각이 들었다. 네이버 블로그의 최대 장점은 네이버 검색어로 자동 유입되기 때문에 여러 가지 키워드 검색에 따른 유입을 기대할 수 있다는 점이다. 예상대로 검색어 유입이 많아지면서 포스트 1개에만 하루에 100명 정도의 방문자 수를 유지하게 되었다.

우리는 퍼스널 브랜딩의 시대에 살고 있다. 자신을 브랜드화하여 특정 분야에 먼저 자신을 떠올릴 수 있도록 만드는 과정을 '퍼스널 브랜딩'이라고 한다. 네이버 블로그를 내 퍼스널 브랜딩의 중요한 도구로 만들겠다는 생각에 새로운 방법들을 구상하기 시작했다. 2021년 8월부터 공문서를 작성하면서 사람들이 평소에 가장 궁금해하는 질문들을 하나씩 선정해서 묻고 답하는 형식으로 포스팅을 시작했다. 이렇게 90여 개의 글을 게시했는데, 관련 질문에 대한 검색어 유입이 예전보다 눈에 띄게 증가하는 것이 보였다. 특히 검색어 유입이 많았던 공문서 작성법 PDF 요약 자료 포스트에는 공문서 작성법을 정리하게 된 이유와 과정을 모두 담았다. 즉, 스토리텔링으로 나를 브랜딩하기 시작했다.

　공문서를 작성하면서 사람들이 평소에 궁금해하는 사항을 중심으로 글을 올리다 보니 관련 질문을 받게 된다. 질문에 따른 답변을 정리하면서 또다시 관련 규정과 매뉴얼 책자를 찾아보고 답변하는 것이 일상이 되었다. 시간이 흐르자 자연스럽게 한 분야의 전문가가 되어갔다. 요즘 사람들은 전문가라고 해서 굳이 관련 자격증이 있는지, 석박사 학위 유무를 따지지 않는다. 오랜 기간 같은 주제로 기록이 꾸준히 쌓이다 보니 사람들은 나를 이 분야의 전문가로 인식하기 시작했다.

　나에게 대학교에서 국어국문학을 전공했냐고 묻는 분들이 종종 있다. 나는 경북대학교 인문대학에서 사학을 전공했고 공문서 작성법도 업무 중에 관심을 가지고 시작하다 보니 여기까지 온 것이다. 다른 사람들의 기대치에 부응하려면 '지금이라도 대학원에 가서 국어국문학과 석사 학위를 취득해야 하나' 하는 생각을 가끔 하기도 한다.

네이버 블로그에 PDF 파일로 첨부하여 공개한 자료는 표지를 포함하여 총 36쪽으로 구성했다. 공문서 작성에서 가장 많이 사용하는 중요한 내용만 정리하여 직접 편집까지 마쳤다. 각 항목의 바로 아래에는 관련 규정의 출처를 명시하여 어디에 있는 자료인지 바로 확인할 수 있도록 신뢰도를 높였다.

네이버 블로그는 통계 기능을 제공한다. 통계상으로 내가 운영하는 블로그는 하루 2,000명이 방문하고 있으며, 네이버에서 '공문서 작성법' 키워드로 검색 유입이 가장 큰 부분을 차지하고 있다. 결국 사람들이 가장 많이 검색하는 주제어인 '공문서 작성법'으로 상위 노출이 얼마나 되느냐가 관건이다.

같은 주제로 블로그에 글을 꾸준히 올리다 보면 네이버에서 어느 시점에 자동으로 나를 이 분야의 전문가로 인식하기 때문에 내가 같은 주제로 글을 써서 업로드만 하면 가장 상단에 노출된다.

현재 네이버에서 '공문서 작성법'으로 검색했을 때 '공문서 작성법 인기글', '공문서 작성법 붙임', '공무원 공문서 작성법', '네이버 도서' 순서대로 검색 결과가 나온다. 여기서 각 섹터마다 상단에 얼마나 노출되는지 수시로 확인해 볼 필요가 있다. 상단에 노출되다가 어느새 안 보인다면 다시 관련 키워드로 포스팅을 해서라도 상단에 올려놓는 노력이 필요하다. 실수요자들이 대부분 이 검색 기능을 통해 유입되기 때문이다.

공문서 작성법의 검색 결과에는 각 섹터마다 다른 사람들이 쓴 《무조건 통과하는 공문서 작성법》의 서평, 또는 내가 공문서 작성법을 주제로 포스팅한 글이 최상단에 노출되어 있다. 마지막 네이버 도서까지 내가 쓴 《무조건 통과하는 공문서 작성법》이 소개된다. 결론은 우리나라에서 공문서 작성법에 관심을 가지고 네이버에서 검색하는 사람이라면 무조건 '나'를 거쳐야 한다는 의미다. 이것이 바로 블로그의 힘이다.

한 가지 아쉬운 점이 있다면 그동안 블로그의 이웃 수를 신경 쓰지 않은 것이었다. 앞에서도 얘기했듯이 블로그를 내 퍼스널 브랜딩의 주요 홍보 수단으로 만들려면 잠재 고객인 블로그 이웃의 수가 많아야 한다. 그러기 위해서 블로그 운영에 변화를 주어야 했다.

나는 두 가지에 변화를 주었다.

첫째, 그동안 누구나 무료로 다운로드할 수 있었던 PDF 파일을 블로그에서 내렸다. 그 대신 블로그에 이웃 추가를 하고 댓글로 이메일을 남기면 해당 파일을 직접 발송하겠다고 안내했다. 지금까지 무료로 배포하던 것을 번거롭게 이웃 추가까지 시키느냐고 불평하는 사람들이 있을까 봐 상당히 조심스러웠는데, 실제로 현재까지 그런 사람은 한 명도 없었다. 오랜 시간 힘들게 요약한 자료를 무료로 나눠줘서 고맙다고 하는 사람들이 대부분이었다.

두 번째는 실제 강연을 할 때마다 네이버에 '이무하'를 검색하면 뜨는 프로필의 하단에 있는 블로그를 클릭해서 접속하는 방법과 해당 자료를 실시간으로 요청하는 방법을 알려주었다.

이때 연수생들은 실습하듯이 위 과정을 그대로 따라 하게 되는데 블로그를 찾는 방법을 소개한 후 "이웃 추가를 꼭 해두시기 바랍니다"라는 말로 강의를 시작했다.

두 가지 변화는 블로그 이웃 수를 늘리는 데 상당한 효과가 있었다. 500명으로 시작했던 블로그 이웃이 현재는 1만 1,000명을 넘

이무하
작가, 공무원

| 전체 | 프로필 | 수상 | 최근활동 | 자격증 | 도서 |

학력	경북대학교 사학과 학사
수상	2018년 부총리 겸 교육부장관 표창
	2012년 교육과학기술부장관 표창
	2012년 적십자헌혈유공장 금장
경력	2022.05~ 서울대학교 대학행정교육원 행정문서 바르게 알고 쓰기 강사

| 사이트 | 블로그 |
| 활동 | 도서, 자격증 |

어서게 되었다.

네이버 블로그는 내가 작성한 글 사이에 광고를 배치하여 노출 대비 클릭률로 '애드포스트'라는 광고 수익을 얻을 수도 있다. 최근 3년간 애드포스트를 운영한 결과 2022년 20만 원, 2023년 13만 원, 2024년 14만 원 정도의 수익을 얻었다. 여기서 내린 결론은 네이버 애드포스트는 일반 직장인들에게 주요 수입원이 될 수는 없다는 것이다.

공무원으로서 네이버 애드포스트를 신청하려면 겸직 신고를 해야 한다. 겸직 신고 방법은 다음과 같다.

겸직허가는 공무원의 직무 능률을 떨어뜨릴 우려가 없는 경우, 직무에 대하여 부당한 영향을 끼칠 우려가 없는 경우에만 소속 지방자치단체의 장이 허가하는데 네이버 애드포스트는 일반적인 포스팅이라면 허가 대상이다.

겸직허가를 신청하고자 하는 공무원은 겸직하고자 하는 직무 관련 상세 자료(수익 발생 내용, 겸직 내용, 겸직기간 등 포함)를 서식에 따라 소속 지방자치단체의 복무 담당 부서에 제출하면 된다.

주의해야 할 점은 공무원으로 임용된 자가 기존 영리·비영리 업무에 계속 종사하기를 원하는 경우 임용된 날부터 1개월 이내에 겸직허가를 신청해야 하고, 겸직허가를 받은 공무원이 이후 담당 직무가 변경된 경우에는 1개월 이내에 겸직허가 재심사를 신청해

겸직허가 신청서

인적사항		소 속		직 위	
		직 급		성 명	
담당직무	직무 내용과 성격				
	근무 장소 (소재지)				
겸직 신청 내용	기관명			겸직 장소 (소재지)	
	직위				
	겸직 업무의 내용과 성격				
	겸직 시 받는 보수				
담당직무와 겸직 신청 업무와의 관련성					
직무 전념에 미칠 영향 정도					

〈첨부〉 겸직 기관의 요청서 및 기타 증빙자료

20 . . .

신청자   (인)

○ ○ 시도지사 / ○ ○ 시도 지방의회 의장 귀하

야 한다는 것이다.

겸직허가 결정 이후에도 1월과 7월에 겸직 실태조사 및 겸직 활동 점검의 절차가 계속해서 반복적으로 남아 있다. 겸직허가를 받은 공무원은 실태조사에 필요한 자료를 소속 지방자치단체의 장 또는 지방의회의 의장에게 제출해야 하는데 그 자료는 다음과 같다.

〈참고〉 실태조사표

성명	직급	종래 겸직허가 내용				겸직 실태조사 내용				실태조사 후 조치 내역
		겸직기관	겸직기간	직위·직무	대가(수익)	실제 겸직 수행 여부	허가 내용 일치 여부	겸직 요건 위반 여부	기타 의무 위반 여부	

※ 1월 조사는 전년도 말일(12. 31.), 7월 조사는 전반기 말일(6. 30.) 기준으로 겸직기간 내에 있는 공무원을 대상으로 실태조사를 실시

최근에는 기관의 전년도 겸직허가 통계 및 실태조사 결과까지 기관 홈페이지에 공개하도록 하고 있다.

이렇게 겸직허가 후에도 6개월마다 겸직 실태조사 보고서를 작성해서 제출해야 하는 번거로움도 있다. 그럼에도 네이버 블로그를 운영한다면 애드포스트는 꼭 신청하기를 추천한다. 어쩌다 하

루에 1만 원 이상의 수익이 찍히는 날도 종종 있으니 블로그를 꾸준히 운영하다 보면 어떤 수익이 어떻게 발생할지 모르는 일이기 때문이다.

2

강연으로
감동시켜라

　　　　　　　　　아주 오래전 우리 교육청에서 주관하는 엑셀 초급 과정을 신청한 적이 있다. 그날 강사분을 처음 만나 2시간 정도 강의를 들었는데 태어나서 지금까지 들었던 어떤 엑셀 강의보다 가장 쉽고 재미있었다. 한마디로 그 강의에 감동받았다.

'어려운 내용을 어떻게 이렇게 쉽게 가르칠 수 있을까?'

그분이 쓴 책이 있다는 얘기를 듣고 그날 바로 온라인 서점에서 주문했다. 이것이 강연의 힘이다. 강사의 강연에 감동하면 또 다른 콘텐츠 구매로 이어진다.

강의라는 것을 나도 한번 해보고 싶다고 생각했던 때는 2007년 공무원에 합격하고 처음 받았던 신규 임용 예정자 직무교육에서였다. 대부분 선배 공무원 또는 사무관들이 직무 관련 내용을 1~2시간 분량으로 강의했는데, 그중에는 능숙하게 잘하는 분도 있었고 대충 준비한 듯한 분들도 있었다.

공문서 작성법 요약본이 완성된 후 연수원 담당자에게 자료를 보냈다.

"신규 공무원들에게 꼭 필요한 자료입니다."

다음 날 처음으로 연수원에서 강의 요청 전화가 왔다. 신규 공무원을 대상으로 처음 2시간짜리 강의를 했다.

첫 강의는 2시간 중에 1시간 20분을 주제와 관련된 내용으로, 40분은 업무와 관련된 내용으로 진행했다. 강의를 처음 하다 보니 2시간이 상당히 부담스러웠고 공문서 작성법을 주제로 이 시간을 다 채울 준비가 안 되어 있었다.

다음 해에 다행히도 같은 과정에 출강할 수 있었다. 이렇게 우리 연수원의 내부 강의에만 출강하다 보니 연수원 연간 교육 일정표만 바라보고 있다는 느낌이 들었다. 연수원에서 요청이 와야 출강할 수 있었기 때문이다. 연간 계획에 내가 출강할 수 있는 과정이 3개 있었는데 그해에 강의 요청은 한 번밖에 없었다. 경우에 따라서는 나보다 국립국어원의 강사를 위촉해서 운영하는 과정도 있었으니, 나는 그저 1년 동안 우리 연수원의 연락만 기다려야 하는 처지였다. 이런 상황에 무기력감을 느꼈지만 내가 할 수 있는 일은 아무것도 없었다.

'이건 아닌 것 같다.'

해당 과정의 강사를 초빙하는 것은 연수원 담당자의 고유 권한인데 굳이 우리 연수원에서 나를 안 불러준다고 섭섭해할 것도 아니었다. 하지만 난 강의가 하고 싶었다. 그래서 우리 연수원에서 벗어나야겠다고 생각했다. 강사 소개서와 강의 자료를 다시 정리했다. 가장 먼저 이메일로 연락한 곳이 대구광역시교육연수원이었다. 오랜 시간을 대구에서 살았기 때문에 대구광역시교육연수원은 가장 먼저 출강하고 싶은 기관이었다. 며칠이 지나도 연락이 없었다. 당연한 결과였다. 강사 소개서의 강의 경력이라고는 우리 교육청 내부 강사 3줄이 전부였기 때문이다. 검증되지 않은 강사

를 불러줄 연수원은 어디에도 없었다.

'이메일이 효과가 없는 것일까?'

이번에는 강사 소개서와 강의 자료를 정성스럽게 컬러로 출력해서 대전을 포함한 인근의 인재개발원 5개 기관의 신규 교육 담당자에게 등기로 발송했다.

역시 아무런 연락이 없었다. 내 강사 소개서는 읽어보지도 않고 폐지함으로 들어갔을 가능성이 높았다.

그러는 중에 아주 우연하게도 다른 시도교육청 연수원에서 강의 요청을 받았다. 실시간 화상(줌)으로 진행하는 3시간 강의였다. 연수기관에서는 항상 설문 조사를 실시하기 때문에 강의가 끝나고 2주 후에는 교육 담당자에게 연락해서 강의 평가 설문 조사 결과를 꼭 받았다. 강사는 강의 평가 결과가 중요하기 때문이다. 강의를 여러 차례 하다 보니 알게 된 사실은 연수생들은 강사의 사적인 경험담을 그리 좋아하지 않는다는 것이다. 대부분의 연수생들은 강의 시간에는 강의와 관련된 내용만 듣기를 원한다.

다른 시도의 출강은 경남교육연수원을 시작으로 충북단재교육연수원, 전라북도인재개발원에서 강의 요청이 이어졌다. 강의를 마칠 때 강의 후기 이벤트를 안내했다. 초보 강사에게는 연수생들의 강의 후기가 필요했다. 피드백을 받고 싶었고 이 후기들은 또 다른 교육기관 담당자에게 강사 초빙을 위한 중요한 자료로 활용되기 때문이다. 강의 한 번에 3~4명 정도의 강의 후기를 받아서 블로그에 공개했다.

　내가 우리 기관 연수원의 과정 담당자라고 가정해 보자. 가장 쉽게 할 수 있는 것이 네이버에서 그 과정에 필요한 강사들을 검색하는 것이다. 강사의 강의 후기를 찾아보고 얼마나 많은 기관에 출강했는지를 확인한다. 그리고 연수생들의 강의 만족도도 궁금할 것이다. 어떤 강사의 블로그에 "교육 담당자가 강의 후에 연락이 와서 이번 강의는 다들 너무 좋았다고 말씀해 주셨습니다"라는 후기를 남겼다고 해서, 이것으로 이 강사의 강의가 과연 만족스러웠는지는 아무도 알 수 없다. 강의를 마친 강사에게 의례적으로 하는 인사말인지도 모른다.

　실제로 강의가 끝난 후에 연수생들의 강의 만족도 설문 조사 결과 점수를 공개하는 강사는 아무도 없었다.

　'다른 강사들이 안 하는 것을 하자.' 다른 강사들과 차별화가 필요했다.

　"제 강의는 경남교육연수원에서 3시간 동안 8급 이하 지방공무원 100명을 대상으로 진행한 결과 100점 만점에 97점을 받았습니다. 강의 후기는 다음과 같습니다"라는 강의 평가 결과와 후기를 블로그에 공개하기 시작했다. 그리고 최근 4년간 출강했던 기관의 강사 만족도 결과를 한 번에 정리해서 공개했다.

강의 일자	요청 기관	교육과정	교육 대상	인원	만족도
2025. 4. 17.	세종특별자치시교육청교육원	신규 지방공무원 역량 강화 과정	교육행정 9급	56	96.98
2025. 3. 20.	충청남도교육청교육연수원	8급 교육행정 실무 과정 1기	교육행정 8급	40	96.00
2025. 3. 11.	충청북도사회서비스원	사회서비스 종사자 역량 강화 교육	충청북도 사회서비스 종사자	130	97.00
2025.2.26.	전라남도교육청교육연수원	중등 신규교사 임용 예정자 직전 연수	중등 신규교사 임용 예정자	468	97.63
2024. 12. 27.	대구광역시교육연수원	늘봄실무사 직무연수	늘봄실무사	237	96.73
2024. 12. 5.	한국승강기안전공단	한국승강기안전공단 전 직원	전 직원	200	96.84
2024. 12. 5.	창원시설공단	창원시설공단 전 직원	전 직원	50	99.33
2024. 9. 25.	전라북도교육청교육연수원	7급 승진 공무원	7급 승진 공무원	168	96.72
2024. 9. 13	대구광역시교육연수원	신규 임용 예정자 기본 교육 훈련	신규 임용 예정자	114	98.60
2024. 8. 12.	광주광역시교육청	지방공무원 이룸베움터 8월 과정	6급 이하 지방공무원	76	97.51
2024. 5. 9.	부산대학교	부산대학교 산학협력단 직원 직무교육	부산대학교 및 산학협력단 식원	120	98.60
2023. 11. 28.	서울특별시교육연수원	공모형 연수 (알기 쉬운 공문서 작성법)	서울특별시교육청 소속 교직원	255	98.84
2023. 10. 18.	중앙교육연수원	공공언어 개선과 공문서 작성 및 관리	교육부 및 국립대학 9급 신규	150	95.68
2023. 9. 14.	대구광역시교육연수원	신규 임용 예정자 기본 교육과정	지방공무원 신규 임용 예정자	123	97.08
2023. 8. 8.	경상북도교육청연수원	교육전문직원 임용 예정자 직무 연수	유·초등 교육전문직원	32	100.00
2023. 7. 11.	서울특별시교육연수원	교육전문직원 임용 예정자 직무 연수	유·초등 교육전문직원	46	98.00
2023. 5. 27.	서울대학교 대학행정교육원	행정문서 바르게 알고 쓰기 과정	서울대 및 전국 대학 직원	272	95.40
2023. 5. 15.	부산광역시교육청교육연수원	신규 공무원 추수 교육과정(1기)	9급 신규 공무원	84	97.08
2023. 4. 11.	전라북도교육청교육연수원	7급 승진 공무원	7급 승진 공무원	51	96.86
2023. 2. 8.	경상북도교육연수원	교육전문직원 임용 예정자 직무 연수	중등 교육전문직원	11	100.00
2022. 11. 16.	아동권리보장원	공공기관 전 직원 대상 특강	전 직원	84	96.20
2022. 11. 2.	대구광역시교육연수원	새내기 탈출, 직무성장 전문교육훈련	일반직 8급 승진자	30	100.00
2022. 10. 27.	한국사학진흥재단	올바른 공문서 작성의 이해 특강	전국 대학·법인·산학협력단 교직원	111	97.50
2022. 10. 19.	경상북도교육청연수원	지방공무원 기본 교육과정	신규 임용 예정자	180	96.83
2022. 10. 14.	경상남도교육연수원	중등교감 역량 강화 직무 연수	중등 교감	34	100.00
2022. 9. 15.	창원특례시	창원특례시 직원 직무 능력 향상	창원특례시 6~9급 공무원	157	96.00
2022. 8. 31.	대전교육연수원	승진자 역량 강화 과정	일반직 6~8급 승진자	32	99.40
2022. 8. 9.	경상북도교육청연수원	교육전문직원 임용 예정자	유·초· 교육전문직원	42	100.00
2022. 8. 4.	대구광역시교육연수원	유치원 정교사(1급) 자격연수	공사립 유치원 정교사(1급)	110	96.27
2022. 8. 2.	대구광역시교육연수원	중등학교 정교사(1급) 자격연수	국어 정교사(1급)	42	98.57
2022. 8. 1.	강원도교육연수원	교육전문직원 임용 예정자 직무 연수	유·초·중등 교육전문직원	36	97.78
2022. 7. 21.	국립군산대학교	군산대학교 직원 역량 강화 과정	군산대학교 전 직원	55	98.20
2022. 6. 23.	한국교원대학교	한국교원대학교 6월 직장교육	한국교원대학교 전 직원	54	94.60
2022. 6. 21.	충남대학교	충남대학교 산학협력단 직원교육	산학협력단 전 직원	30	97.20
2022. 6. 17.	대전교육연수원	기초튼튼 기획력 과정	일반직 8~9급	31	99.35
2022. 6. 16.	경상남도교육연수원	다듬(17l) 일잘러가 만드는 공문서	일반직 6급 이하	17	99.41
2022. 5. 25.	서울대학교 대학행정교육원	행정문서 바르게 알고 쓰기	서울대 및 전국 대학 직원	210	94.80
2022. 5. 11.	울산광역시교육연수원	교육행정 기획역량 강화 연수(기본)	일반직 6급 이하	39	97.44
2022. 5. 4.	대구광역시공무원교육원	공문서 바로 쓰기(17l) 과정	일반직 6급 이하	36	93.60
2022. 4. 28.	국립공주대학교	신규 직원 직무 역량 강화 과정	신규 및 일반 직원	33	99.39
2022. 4. 27.	인천광역시교육연수원	문서작성 실무능력 향상 교육	공사립 6급 이하	87	94.48
2022. 4. 20.	경상남도교육연수원	8급 역량 강화 과정	일반직 8급 공무원	76	95.27
2021. 10. 20.	경상북도교육청연수원	지방공무원 기본 교육과정	신규 임용 예정자	366	97.13
2021. 9. 9.	경상남도교육연수원	8급 역량 강화 과정	일반직 8급 공무원	65	93.39
2021. 8. 13.	경상북도교육청연수원	교육전문직원 임용 예정자 직무 연수	유·초등 교육전문직원	30	100.00
		합계		4,670	97.00

여러분이 준비하고 있는 과정에 공문서 작성법 강사가 필요한데 이 강사는 실제로 강의 후기도 좋고, 최근 4년간 강의 평가 점수도 평균 97점을 유지하고 있다면 더 이상의 선택지가 있을까?

아래 글은 내 블로그를 처음 본 교육 담당자에게 실제로 받은 이메일이다.

> 강사님 섭외를 위해 정보를 찾던 중 이무하 강사님 블로그를 방문하게 되었습니다. 블로그의 글을 하나하나 살펴보며 공문서 작성법 강의에 대한 이무하 강사님의 열정과 전문성을 느낄 수 있었습니다. 공문서 작성법을 주제로 무료 특강과 책 출간만으로도 너무나 분주하실 텐데 공문서 관련 Q&A까지 진행하시는 이무하 강사님의 열정에 게시글을 읽을수록 놀라움의 연속이었던 것 같습니다. 더불어 정성스러운 강의 후기에서 수강생의 높은 만족도를 체감할 수 있었고 이무하 강사님의 강의 실력에 큰 신뢰감을 얻을 수 있었습니다.
> 이무하 강사님의 강의를 우리 기관에서 진행하게 된다면 신규 입사자가 공문서 작성의 틀을 잡고, 기관을 대표하는 공문서를 작성해 나가는 데 큰 도움이 될 것 같다는 생각에 이무하 강사님을 꼭 모시고 싶어졌습니다.

다른 강사와 차별화된 후기와 만족도 결과를 공개하며 차곡차곡 경력을 쌓아갔다. 처음 3줄이었던 강의 경력이 시간이 갈수록 점차 늘어갔고, 좋은 강의 후기와 평가 결과들이 하나로 모아졌다. 아직까지 한 번도 출강한 적이 없던 교육청 연수원의 담당자가 같은 지역에 있던 대학교 교육 담당자에게 나를 추천하기도 했다. 커리어가 또 다른 커리어를 불렀고, 전국 연수생들의 강의 후기 덕분에 자연스럽게 바이럴 마케팅이 이루어졌다. 그렇게 나는 내부 강사를 벗어나야겠다고 결심한 지 3년 만에 전국 100개 기관에 출강하게 되었다.

서울 모 여자대학교 홈페이지에서 교육 담당자를 확인한 후 이메일로 강사 소개서를 보냈다. 별다른 반응이 없었는데 며칠 후에 정확히 그 담당자가 강의를 해줄 수 있냐고 연락해 왔다. 혹시 내가 보낸 강사 소개서를 보고 연락했냐고 물어보니 처음에는 그런 이메일을 받은 기억이 없다고 하다가 가만히 생각해 보더니 어디선가 내 이름을 본 기억이 난다고 했다. 사실 그분은 내가 보낸 이메일을 기억하지 못했다.

여기서 한 가지 느낀 점이 있었다. 등기나 이메일로 자기소개서와 강의 자료를 아무리 정성껏 교육 담당자들에게 보낸들 열에 아홉은 제대로 읽어보지 않는다. 그냥 바로 휴지통으로 들어간다고 보면 된다. 일부러 손에 쥐어줘도 버린다는 얘기다. 왜일까? 지금 당장 자신에게 필요한 것이 아니기 때문이다. 그럼 언제 교육 담당자들이 연락할까?

일반적으로 연수일 기준 2개월 전에 교육과정을 짤 때 필요한 강사에게 연락을 취한다. 그때 가장 먼저 활용하는 것이 네이버에서 같은 주제로 강의한 강사들을 검색하고 후기를 읽어보는 것이다. 결국 그들이 가장 필요할 때 선택받을 수 있도록 블로그 내용이 충분히 준비되어 있어야 한다.

요즘도 종종 강의를 시작하면서 휴대폰으로 녹음을 한다. 강의를 마치고 돌아오는 차에서 녹음된 강의를 다시 들어보며 전체적인 강의의 흐름을 점검한다. 마이크 소리의 크기, 말투, 억양, 연수생의 반응 등 모든 것이 물 흐르듯이 이어져야 한다. 한 번의 끊김도 없이 자연스럽게 이어질 때 연수생들의 학습 효과는 극대화된다.

공문서 작성법, 단 하나의 주제로 3시간부터 5시간에 이르는 강의를 현재까지 180회 이상 진행했다. 350쪽이 넘는 PPT의 내용은 모두 내 머릿속에 있다. 나는 그저 PPT를 넘기면서 연수생의 눈만 응시하고 이야기를 시작한다. 제대로 보고 있는지, 고개를 끄덕이는지, 졸린 사람은 없는지……. 이제 강의가 아니고 강연이다. 내용을 단순히 전달하는 강사의 수준은 이미 넘어섰다.

나는 연수생이 아닌 관객을 바라보며 일종의 원맨쇼one-man show를 하고 있다. 웃겨야 한다. 관객들과 같이 소통하고 호흡하고 열정으로 감동을 선사해야 한다. 나의 노력과 체계화된 커리큘럼, 암기법을 이야기할 때 비로소 관객은 마음을 열고 몸으로 반응한다. 항상 강연의 끝은 공감할 수 있는 감동적인 멘트로 마무리한다.

강연이 끝나면 당연히 목이 쉬고 상당한 피로감이 몰려온다. 하지만 강의를 마치고 복도에서 마주치는 사람들의 눈빛과 태도는 강의를 시작할 때와 확연히 다르다. 진심으로 감사해하는 그들의 마음을 읽을 수 있다. 그렇게 한 번의 강의로 사람을 남긴다. 한 번의 강연으로 나를 지지하는 사람들, 잠재적으로 나를 다른 기관에 적극적으로 추천하는 사람들이 또 생겨난다.

강의에서 질문을 받는 것은 중요하다. 실시간 화상(줌) 강의를 진행하면서 채팅창으로 연수생들과 대화하는 것에 욕심이 생겼다. 유튜브 라이브 방송을 하듯이 강의를 해보고 싶어서 적극적으로 질문을 유도했더니 한 번에 많은 질문들이 올라왔다. 일일이 답해 주면서 강의를 진행하자니 처음 목적이었던 '소통'에는 충분히 효과가 있었지만 강의 시간이 많이 늘어났다.

바로 다음 장에 포함되어 있는 강의 내용에 대해 질문하는 사람들의 답변까지 설명하다 보니 같은 내용을 두 번 얘기하는 모양이 되었다. 그런 질문들은 학습의 흐름을 끊어놓을 뿐이었다. 이 방법은 처음에 몇 번 시도했다가 결국 중단하기로 했다. 맨 마지막 묻고 답하기 시간에 질문을 한꺼번에 받기로 했다. 가장 효율적인 방법이었다.

때에 따라서 질문이 없는 사람들도 있고 이론적인 부분만 빨리 듣고 퇴장하려는 사람도 있었다. 이들을 모두 포용하기 위해서는 마지막 멘트까지 마무리하고 별도로 묻고 답하기 시간을 가지는 것이 필요하다. 마지막 멘트를 하면서 질문이 없는 사람은 지금부터 퇴장해도 좋다고 얘기한다. 나갈 사람은 나가고, 질문할 사람은 충분히 질문하고 답변을 들을 수 있다.

빨리 마치기를 원하는 사람들 사이에서 질문이 서툰 사람들도 있다. 수많은 사람들 사이에서 논리적으로 물어보기가 부담스러운 것이다. 이들을 위해 질문이 끝나면 다시 한 번 강사의 블로그에 묻고 답하기 메뉴가 있음을 알려준다. 업무 중에 궁금한 사항이 생겼을 때 언제든지 이 메뉴를 이용하면 12시간 내에 답변해 준다고 안내한다. 오늘 한 번의 강의 수강으로 평생 고객이 되었다는 것을 의미한다.

공문서 작성법 강의에서 무료 특강을 하는 강사는 한 번도 본 적이 없다. 만약 있었다면 내가 이미 그 강의를 들었을 것이다. 강사 입장에서 무료 특강은 상당히 부담되는 일이다. 불특정 다수를 대상으로 본인의 실력이 그대로 드러나기 때문이다. 직접적인 수익으로 연결되는 것도 아니라서 굳이 무료 특강을 할 이유도 없다.

그럼에도 지금까지 내가 무료 특강을 해온 이유는 다음과 같다.

첫째, 무료 특강은 강사의 실력에 대한 자신감의 표현이다. 내 실력에 자신 있기 때문에 누가 들어도 상관없다. 근거를 제시하고 거침없이 치고 나가며 강의 내용을 자신 있게 전달한다면 청중은 나를 신뢰한다.

둘째, 나를 알리는 가장 좋은 방법이다. 홍보에는 돈이 든다. 하지만 무료 특강은 내 실력으로 시간과 노력만 투자하면 끝이다. 강사로서 청중을 감동시키는 것만큼 좋은 홍보는 없다.

셋째, 기관의 요청에 따라 출강할 수 있지만, 공무원은 외부 강의 횟수에 제한이 있다. 이 횟수 제한을 받지 않는 것이 무료 특강이다. 돈을 받지 않는 강의, 퇴근 후 저녁에 하는 무료 특강은 제한이 없다. 기관 소속이 아닌 사람들, 전국에 뿔뿔이 흩어져 있는 잠재 고객들을 하나로 묶을 수 있는 것이 무료 특강이다.

최근에 무료 특강을 진행하고 며칠 후 이메일이 도착했다. 울산의 모 대학교 교직원이었는데, 우연히 내 무료 특강에 참여했다고 한다. 내 강의를 듣다가 본인이 소속되어 있는 대학교의 직원들이

모두 들어야 할 내용이라고 판단되어서 강의를 요청한다는 내용이었다. 그리고 개인적으로 《무조건 통과하는 공문서 작성법》도 내용이 너무 좋아서 200명이나 되는 전 직원이 구입하도록 대학교 처장님께 승낙을 받았다고 했다. 나는 그해 그 대학교에 방문해서 오전과 오후에 각 3시간씩 전 직원을 대상으로 《무조건 통과하는 공문서 작성법》을 교재로 강의를 진행했다. 저녁 2시간 무료 특강이 생각지도 못한 놀라운 결과를 가져온 것이었다.

우리나라에서는 교원과 행정직 공무원, 공공기관 및 대학교 직원들이 대표적으로 공문서를 작성한다. 물론 지방 공기업과 지방 출자·출연기관, 공직유관단체, 지방자치단체와 관련 센터 종사자까지 모두 합치면 그 규모는 더욱 커진다. 심지어 사단법인에서도 표준화된 문서 작성을 위해 공문서 작성법 강의를 요청한다.

나는 교육행정직 공무원이다. 17개 시도교육청 연수원에서 일반직 공무원을 대상으로 강의 요청을 하는 것은 일반적인 일이다. 우리나라 대학교는 그동안 표준화된 행정 문서 작성에 관심을 두지 않았던 것으로 보인다. 대부분 소속 대학교의 관행적인 표현과 작성 방법을 그대로 따랐을 뿐이다.

2022년 5월 서울대학교 대학행정교육원의 '행정문서 바르게 알고 쓰기' 과정에 출강하면서부터 이런 흐름에 약간의 변화가 있었다. 이 과정을 수강한 직원들의 입소문 덕분에 개별 대학교에서 강의 요청을 받았다. 연세대학교, 한양대학교, 숙명여자대학교 등 서울의 주요 대학교를 두루 출강하면서 커리어가 다른 커리어를 부르듯이 전국의 대학교로 자연스럽게 이어졌다. 현재는 전국 대학교 교직원 대상 공문서 작성법 강의 섭외 1위의 강사가 되었다.

우리나라에는 공기업, 준정부기관, 기타 공공기관을 포함하여 전국에 300개가 넘는 공공기관이 있다. 공공기관에서도 강의 요청이 계속 이어지고 있다.

그동안 지방자치단체에서는 특별한 연락이 없었는데 2023년 창원시청을 시작으로 2024년 구미시청과 서울특별시보건환경연구원, 서울시 노원구청, 안동시청, 2025년 태백시청, 서울시 강동구청 등 전국 지자체에서 강의 요청이 이어졌다.

우리나라 전체 교원의 수는 40만 명이 넘는다. 현재 나도 학교에 근무하고 있지만 교원들 대부분은 공문서 작성법에 관심을 기울일 시간이 부족하다. 특히 신규 임용이 되더라도 연수 기간이 짧아서 이런 과정들이 충분히 반영되지 못하는 것 같았다.

한번은 우리 연수원의 강의 요청으로 교사 대상 연수에 참여한 적이 있다. 담당이었던 교육연구사님은 꼭 필요한 과목이라고 생각해서 전체 과정 중에 공문서 작성법을 3시간 편성했는데 연수원 심의 과정에서 수많은 지적을 받았다고 한다. 교사에게는 교육과

전국 100개 기관 출강(2022년~현재)

대학교

- 서울대학교 대학행정교육원 · 한국대학교육협의회 고등교육연수원 · 한국사학진흥재단
- 연세대학교 · 한양대학교 · 중앙대학교 · 삼육대학교 · 숙명여자대학교 · 명지대학교 · 상명대학교 · 한국폴리텍대학 · 오산대학교 · 한경국립대학교 · 청주대학교 · 한국교원대학교 · 공주대학교 · 선문대학교 · 충남대학교 · 목원대학교 · 한밭대학교 · 건양사이버대학 · 군산대학교 · 전북대학교 · 전남대학교 · 전남과학대학교 · 강릉원주대학교 · 위덕대학교 · 인제대학교 · 진주교육대학교 · 부산대학교 · 부경대학교 · 동아대학교 · 울산과학대학교 · 제주대학교

공공기관

- 국가과학기술인력개발원 · 국토연구원 · 대전정보문화산업진흥원 · 대한소방공제회 · 도로교통공단 · 세종인재평생교육진흥원 · 식생활안전관리원 · 아동권리보장원 · 영상물등급위원회 · 울산문화재단 · 울산시설공단 · 육아정책연구소 · (재)창원산업진흥원 · 창원시설공단 · 충청북도사회서비스원 · 한국교육학술정보원 · 한국건강가정진흥원 · 한국건설기술연구원 · 한국국제보건의료재단 · 한국노인인력개발원(제주지역본부) · 한국능률협회 · 한국등산트레킹지원센터 · 한국문화재단 · 한국문화예술교육진흥원 · 한국발명진흥회 · 한국여성인권진흥원 · 한국여성정책연구원 · 한국승강기안전공단 · 한국원자력통제기술원 · 한국자동차환경협회 · 한국제품안전관리원 · 한국해양수산개발원 · 제주문화예술재단

중앙부처

- 교육부 중앙교육연수원 · 기상청 기상기후인재개발원 · 중앙선거관리위원회 선거연수원

시도교육청

- 서울특별시교육청교육연수원 · 인천광역시교육연수원 · 강원도교육연수원 · 충청북도단재교육연수원 · 충청남도교육청교육연수원 · 전라북도교육청교육연수원 · 광주광역시교육청 · 대전교육연수원 · 세종특별자치시교육청교육원 · 전라남도교육청교육연수원 · 경상북도교육청연수원 · 경상북도고령교육지원청 · 경상북도군위교육지원청 · 경상북도영천교육지원청 · 경상북도예천교육지원청 · 부산광역시교육청교육연수원 · 대구광역시교육청연수원 · 울산광역시교육연수원 · 경상남도교육연수원

지방자치단체

- 서울시 노원구청 · 서울시 강동구청 · 서울특별시보건환경연구원 · 서울특별시광역치매센터 · 충청북도자치연수원 · 전라북도인재개발원 · 경상북도인재개발원 · 대구광역시공무원교육원 · 경상남도가족센터 · 창원시청 · 구미시청 · 안동시청 · 태백시청

정에 관한 강의가 필요하지 공문서 작성에 관한 강의는 필요하지 않다는 이유였다.

교육연구사님은 수많은 반대를 무릅쓰고 연수원장님의 결재를 받아냈다. 물론 그 연수를 신청한 교사 중에는 공문서 작성법 때문에 신청했다고 하는 분들도 있었다. 교원 연수 과정에 이 과목이 쉽게 편성되리라고 생각하지 않는다. 교육연구사님의 생각과 의지에 따라 강의 요청이 들어오는 경우도 있고, 후임으로 온 교육연구사님의 생각이 다르면 당연히 다른 과목으로 대체된다. 올해 연수 과정에 편성됐다고 다음 해에 다시 편성된다는 보장은 없다. 굳이 기다릴 필요도 없고, 미리 연락해서 물어볼 필요도 없다. 그렇다면 이 40만 명이나 되는 시장을 그냥 보고만 있을 것인가? 아니다. 난 이곳을 계속 뚫기로 했다.

2023년 처음으로 무료 특강을 시작했을 때는 500명 줌 계정을 10만 원이 넘는 비용을 들여서 직접 구매했다. 강의 신청을 별도로 받아야 했고 블로그 댓글로 일일이 접수 완료 안내를 해야 했다. 번거로운 일들이 한두 가지가 아니었다.

그러던 중 우연히 서울에 교사로 근무하는 알파고손쌤이란 분을 알게 되었다. 이분은 교사의 성장을 돕는 연수 기획자였다. 티처빌 연수원의 쌤동네에서 무료 계정을 제공한다는 얘기를 듣고 시험 삼아 해보기로 했는데 상당히 편리했다. 이후 알파고손쌤이 기획한 전국 교사를 대상으로 한 여름방학 특강이었던 '만 원의 행복'이라는 56개 과목 중 한 과목으로 참여하게 되었다.

이 특강은 여름방학과 겨울방학에만 운영하는 것으로 1만 원 결제로 개설된 전체 과정을 선택해서 들을 수 있는 시스템이었다. 교사만 1,680명이 신청했고, 전체 자동 배정된 인원 중 몇 명이 내 연수에 참여하느냐가 관건이었다. 처음 목표는 절반 수준인 800명 정도로 잡았는데 이를 위해 유료 문자 메시지를 결제해서 1,680명에게 안내 문자를 별도로 보냈음에도 실제 당일 강의 참석 인원은 270명에 그쳤다. 일반적인 무료 특강으로는 270명도 상당히 많은 인원이지만 처음 기대했던 인원에 비해 턱없이 부족하게 느껴졌다. 하지만 꾸준히 하다 보면 언젠가는 이 시장이 열릴 것이라는 생각으로 오늘도 조금씩 틈새를 비집고 들어가고 있다.

그해 겨울방학에 전국 교사를 대상으로 한 교실백점 특강은 여름방학의 2배 규모인 총 112개 강좌가 개설되었고 2,700명이 신청했다. 나는 행정직 공무원으로 유일하게 이 특강 강사 리스트에 올랐다.

'과연 2,700명 중에 몇 명이 실제로 내 강의에 접속할까?' 사실 크게 기대하지는 않았다. 지난번 유료 문자 메시지까지 보냈음에도 실제 참석 인원은 270명에 그쳤기 때문이었다.

이날 강의는 저녁 7시에 시작해서 9시 30분까지 2시간 30분 동안 진행되었다. 강의에 접속한 인원은 500명이 넘었다. 이번 교실백점 연수를 신청한 이유가 이 강의를 듣기 위해서였다는 글을 남겨주신 분도 있었다. 이번 강의는 단체 카톡방에 올라온 글들을 포함하여 수많은 후기를 남겼다. 이렇게 교사를 대상으로 한 연수에

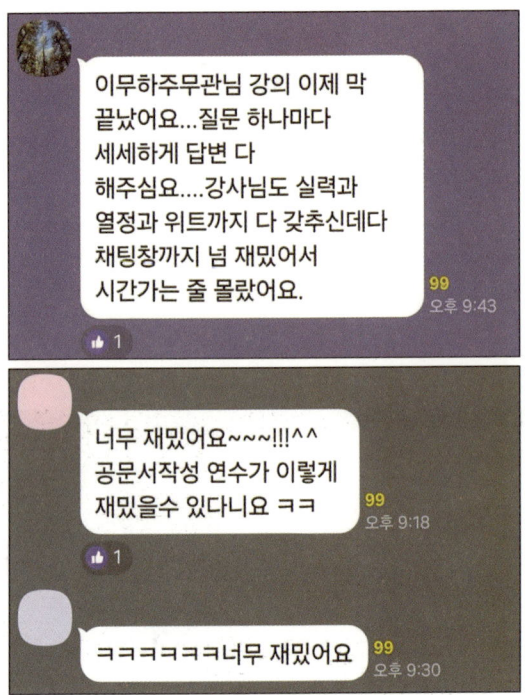

한 걸음 더 다가섰다. 이번 강의는 성공적이었다.

  강의를 처음 시작했을 때 나에게 선택지는 없었다. 경력이 없는 초보 강사에게 강의 요청이 들어오면, 날짜는 해당 기관의 일정에 맞춰야 한다. 어떻게든지 강의를 해서 경력을 쌓는 것이 중요하기 때문이다. 강사료는 기관에서 정한 대로 받을 수밖에 없다. 강사료를 논할 처지가 아니다. 초보 강사는 기회만 주어진다면 무료라도 찾아가야 한다.

출근했다가 강의 시간에 맞춰 가는 날도 많았다. 출강 기관의 강의 일정이 모두 다르다 보니 하루에 한 건 있는 시간대를 맞춰줄 수밖에 없었다. 그 날짜에는 강의를 할 수 없다고 했다가는 다음 기회를 놓칠지도 모른다는 불안감 때문이었다.

그렇게 강의에 대한 커리어를 쌓아갔고 더 이상의 출강 경력이 필요 없을 정도가 되었을 때 이 모든 상황은 달라졌다. 내부적으로는 한 달에 이틀만 출강하는 것으로 정했기 때문에 하루라는 시간을 가장 효율적으로 쓰고 싶었다. 오전과 오후로 나눠서 하루에 2개 기관, 한 달에 최대 4개 기관까지 출강할 수 있었다. 물론 이것이 가능할 수 있었던 데는 강의를 요청한 기관에서 내 강의 일정에 맞춰 교육 일정을 모두 조정해 주었기 때문이다.

부산대학교에서 강의 요청이 들어오면 부산광역시교육연수원에 연락해서 연수 과정 편성이 가능한 날짜를 확인하고 오전에 연수원 강의를, 오후에 대학교 강의를 잡았다. 두 기관은 하루 만에 이동이 가능한 거리였다. 연수원은 오전 강의 편성이 쉽고, 대학교는 오후 시간대 강의를 선호하기 때문이다. 이렇게 한 달에 이틀만 강의 일정을 받다 보면 7월이 되기 전에 올해 연간 강의 일정이 모두 마감되었다. 7월 이후부터는 연락이 오는 교육기관 담당자들에게 출강이 어렵다는 말만 계속해서 되풀이하는 상황이었다.

'하고 싶은 일만 하고 살 수는 없을까?'

네이버 검색창에 '공문서 작성법' 키워드를 매일 검색하는 습관이 생겼다. 내 블로그 포스트가 최상단에 그대로 떠 있는지부터 오늘은 어떤 강사가 어떤 기관에서 강의를 했는지 쉽게 알 수 있기 때문이다. 실제로 강사 활동을 하는 분들 대부분이 네이버 블로그를 운영하고 있다. 나처럼 전국적으로 '공문서 작성법'을 강의하는 강사는 손에 꼽을 정도다. 퇴직 공무원이나 전업 강사이고 강의 분야도 '공문서 작성법'만을 다루지 않는다. 여러 강의 분야 중에 한 과목이 '공문서 작성법'인 경우가 대부분이다.

내 강의 자료는 이미 대국민 공개가 되어 있다. 다른 강사들도 오픈된 강의 자료가 있는지, 내용이 정확한지 확인해야 한다. 유튜브에 강의 영상이 있다면 찾아서 들어보는 것도 중요하다. 기회가 된다면 같은 분야 강사들의 강의를 직접 들어보는 노력도 필요하다.

경쟁자의 실력을 파악하라는 것이다. 그래야 끝까지 살아남을 수 있다. 이렇게 하다 보니 재미있는 상황이 벌어지기도 한다. 모 기관에서 강의 요청을 했는데 일정상 내가 거절하자 며칠 후에 다른 강사분이 그 기관에 강의한 후기가 뜬다. 전체적인 흐름이 눈에 그려진다.

분야를 선택했다면 무조건 '1타'가 되어야 한다. 그러기 위해서는 차별화된 전략이 필요하다. 난 이렇게 차별화하기로 했다.

첫째, 현직 공무원이다.

〈행정업무운영 편람〉에서 '행정상 공문서'란 공무원이 작성하거나 행정기관에서 접수한 문서를 의미한다고 규정하고 있다. 그렇기 때문에 공문서 작성법 과목은 현직 공무원에게 이미 프리미엄이 있다. 공문서는 기본적으로 공무원이 작성한 것이다. 19년째 공문서를 매일 작성하고 검토하고 결재하는 만큼 가장 실무적인 강의가 가능하다. 실무를 모르면 그냥 전달할 뿐이다. 전달만 해서는 연수생들에게 절대 와 닿지 않는다. 공문서 작성법 분야만큼은 현직 공무원을 선호하는 이유다. 아래 글은 모 국립대학교 교육 담당자가 쓴 글이다.

> 제가 대학교에서 직원 교육을 담당하면서 신규 직원들을 많이 만나보았는데, 공문서 작성에 두려움과 어려움을 느끼는 것을 많이 보았습니다.
> 그래서 그동안 자체 교육, 국립국어원 강의, 민간 강사 초빙 등 다양한 교육으로 이러한 부분을 해소하고자 노력해 왔으나, 이무하 강사님의 강의를 들을 때만큼 명쾌하고 시원한 강의는 접하지 못했던 것 같습니다.
> 그래서 올해는 꼭, 강사님을 우리 기관에 모셔서 모든 직원들을 대상으로 강의를 진행하고 싶습니다.

둘째, 가장 최근 규정을 반영한 공문서 작성법을 34쪽으로 요약한 강의 자료를 제공한다.

이 자료는 계속해서 업데이트되고 블로그에서 누구나 무료로 신청할 수 있다. 주변 사람에게 배포해도 된다. 기관에서 요청한 강의에서는 강의 자료로 제공되고 강의 후에는 전국의 수많은 기관이 이 자료를 소속 기관의 표준 매뉴얼로 활용하고 있다. 다른 자료를 찾아볼 필요가 없다.

셋째, 유일한 공문서 작성법 책의 저자다.

물론 다른 강사들의 프로필을 보면 공문서 작성 관련 책을 쓰신 분들도 있다. 하지만 현재 온오프라인 서점에서 '공문서 작성법'을 검색하면 유일하게 검색 결과에 뜨는 책은 《무조건 통과하는 공문서 작성법》한 권밖에 없다. 이 책은 2023년 5월에 출간하여 2025년 현재까지 이미 1만 6,000부가 발행되었다. 현재 출판 시장의 베스트셀러 기준인 1만 부를 훌쩍 넘어섰다.

넷째, 매년 무료 특강을 제공한다.

공문서 작성법을 배우고 싶은 사람들은 누구나 무료 특강에 참여할 수 있다. 단 2시간만으로도 가장 체계적이고, 재미있고, 실무적인 강의를 들을 수 있다.

다섯째, 묻고 답하기를 실시간 제공한다.

공문서를 작성하면서 궁금한 사항은 언제든지 질문할 수 있다. 강사 블로그나 이메일을 통해 어떤 질문이든지 12시간 내로 정확한 규정에 근거해서 답변을 제공한다. 본인이 작성한 기안문의 첨삭까지 요청하는 분도 가끔 있다.

TIP 외부강의 신고, 청탁금지법과 「공무원 행동강령」

현직 공무원으로 외부강의에 출강하려면 강의를 요청하는 기관의 강의 요청 공문, 소속 기관에 출장 신청, 외부강의 신고가 필요하다. 관련 내용은 「공무원 행동강령」, 「부정청탁 및 금품 등 수수의 금지에 관한 법률」 및 같은 법 시행령에서 규정하고 있다. 그중에서 꼭 알아야 할 사항은 다음과 같다.

공무원 행동강령 제4장 제15조(외부강의 등의 사례금 수수 제한)

공무원은 자신의 직무와 관련되거나 그 지위·직책 등에서 유래되는 사실상의 영향력을 통하여 요청받은 교육·홍보·토론회·세미나·공청회 또는 그 밖의 회의 등에서 한 강의·강연·기고 등(이하 "외부강의 등"이라 한다)의 대가로서 중앙행정기관의 장 등이 <u>정하는 금액을 초과하는 사례금을 받아서는 아니 된다.</u>

📂 외부강의 등의 사례금 상한액

구분	공무원	각급 학교 교직원
1시간당 상한액	40만 원	100만 원
사례금 총액 한도	60만 원	제한 없음

○ 공무원이 학교에 근무하면 1시간당 상한액은 100만 원이고 총액 한도는 하루 최대 8시간 강의를 진행한다고 가정했을 때 800만 원까지 강사료를 받을 수 있다. 같은 공무원이 1월 1일 자로 교육청에 전보되어 같은 기관을 대상으로 강의를 한다면, 하루 8시간을 강의해도 60만 원만 받을 수 있다.

공무원은 사례금을 받는 외부강의 등을 할 때는 외부강의 등의 요청 명세 등을 소속 기관의 장에게 그 외부강의 등을 <u>마친 날부터 10일 이내</u>에 서면(전자문서를 포함)으로 신고해야 한다. 다만, 외부강의 등을 요청한 자가 국가나 지방자치단체인 경우에는 그러하지 아니하다.

○ 2025년 2월 연세대학교, 태백시청, 전라남도교육청교육연수원에 출강했다. 외부강의 신고 대상은 연세대학교 1개 기관이다. 국가나 지자체의 경우 외부강의 신고 대상이 아니므로 횟

수에 포함되지 않기 때문에 신고 의무가 없다.

외부강의 신고서에는 신고자의 성명, 소속, 직급 및 연락처, 강의 일시, 강의 시간 및 장소, 강의 주제, 사례금 총액 및 상세 명세, 강의 요청자(요청 기관), 담당자 및 연락처를 포함하여 서면으로 소속 기관의 장에게 제출해야 한다. 교육청의 경우 외부강의 신고서는 나이스^{NEIS}를 통해 전자문서로 결재를 올린다.

⟨외부강의 신고 예시⟩

외부강의·회의 등 신고서				
신고자	성 명	이무하	소 속	○○초등학교
	직 위 (직급)	지방교육행정주사		
요청자	기관명	연세대학교	담당자	○○○
	담당부서	인재개발팀	연락처	○○-○○○-○○○○
장 소		연세대학교 신촌캠퍼스		
일 시		2025. 2. 5. 14:00~17:00	일괄 신고	월(연)평균 횟수: 1회 1회 평균 시간: 3시간
대 가		총액(강사료+실비): ○○원 강사료(원고료 포함) ○○원, 원고료 ○○원, 실비(여비 포함) ○○원		
			2025. 2. 10. 신고자 이무하 (서명)	

> 비고
> 1. 대가는 실수령액을 기재하되, 교통비, 원고료, 재료비 등을 구분할 수 있을 경우 ( ) 속에 기재할 수 있음.
> 2. 동일한 교육과정에 수 회 출강하는 경우에는 일괄 신고할 수 있음. 이 경우 일괄 신고란에 기재하고, 1회 평균 대가를 기재함.

소속 기관의 장은 공무원이 신고한 외부강의 등이 공정한 직무수행을 저해할 수 있다고 판단하는 경우에는 그 공무원의 외부강의 등을 제한할 수 있다.

중앙행정기관의 장 등은 공무원이 과도한 외부강의 등으로 인하여 업무에 지장을 초래하지 아니하도록 대가를 받고 수행하는 <u>외부강의 등의 횟수 상한을 정할 수 있다</u>. 공무원은 횟수 상한을 초과하여 대가를 받고 외부강의 등을 하려는 경우에는 미리 소속 기관의 장에게 승인을 받아야 한다.

○ 「공무원 행동강령」에서는 외부강의의 구체적인 횟수를 제시하고 있지 않다. 소속 기관에서 제정한 「공무원 행동강령」에서 구체적으로 외부강의의 횟수를 명시하고 있는데, 예를 들면 월 3회 또는 월 6시간을 초과하는 경우에는 미리 행동강령책임관의 검토를 거쳐 소속 기관의 장에게 승인을 받아야 한다는 규정이다.

3

종이책 출간과 베스트셀러 진입

　공문서 작성법 요약본 PDF 파일을 네이버 블로그에 대국민 공개를 한 지 1년 만에 행정안전부 〈행정업무 운영 편람〉의 개정 사항을 반영하여 '[개정 2판] 공문서 바로 쓰기 길라잡이, 공문서 작성의 정석'이란 이름으로 파일을 새롭게 게시했다.

　10개월 정도 시간이 흘렀을 때 개인의 전문성을 수익화하는 '크몽 kmong' 사이트에서 전자책 출판이 유행하기 시작했다. 여기에서 제시하는 전자책 발행의 조건은 최소 분량이 A4 규격으로 20쪽만 넘으면 쉽게 승인이 나는 구조였다.

'20쪽이라면 충분히 도전해 볼 만하다.'

이미 30쪽이 넘는 자료가 있었기 때문에 전자책에 도전했다. 표지를 포함하여 37쪽으로 첫 전자책 승인 후에 네 차례 업데이트를 거쳐 60쪽까지 분량을 늘렸다.

PDF 파일로 제공된 이 전자책은 크몽 사이트에서 2022년 7월에 판매를 시작해서 9월까지 49건을 판매했다. 전자책의 장점은 높은 수익률에 있다. 수수료 20%를 제하고 나머지는 모두 수익금이다. 물론 기타소득으로 분류되어서 8.8%의 세금을 별도로 신고해야 한다. 전자책은 한정된 사이트를 통해서만 판매하다 보니 종이책에 비해 일반인들의 접근성이 부족하다는 단점이 있었다. 내 전자책을 읽어보고는 종이책에도 도전해 보라는 분들이 있었다.

'종이책을 쓰려면 분량이 어느 정도 되어야 한다던데 가능할까?'

그때까지만 해도 그럴 일은 절대 없을 것이라고 그냥 웃어넘겼다. 하지만 혹시나 하는 생각에 종이책을 출간하는 방법을 찾기 시작했다.

인터넷에 검색해 보니 '출간 기획서'라는 양식이 따로 있었다. 출판을 희망하는 책의 제목, 저자 소개, 예상 핵심 타깃 독자, 출간 목적, 국내 참고 책자, 내용 개요, 목차 등을 작성하는 것이 바로 출간 기획서였다. 인터넷에 조금만 검색해 보면 우리나라 출판사의 이메일을 모아둔 곳을 찾을 수 있었다. 출간 기획서와 원고를 출판사 이메일로 발송하면 출판사에서 검토 후에 연락이 온다고 했다. 밤새 출간 기획서를 작성했고 전자책으로 완성했던 원고 60쪽을 전국의 출판사 이메일로 하나씩 보내기 시작했다.

출간 기획서

1. 책 제목: "공문서 작성의 정석"
2. 저자 소개
   - 경력: 2007. 7.~현재(공무원 경력 15년) 경상북도교육청 교육행정 6급 공무원
   - 네이버 블로그 "공문서 작성의 정석" 운영
   - 2020. 9. "[개정 2판] 공문서 작성의 정석(feat. 국립국어원 감수)" 대국민 공개
   - 2021. 7. "기초부터 심화까지 공문서 작성의 정석" 크몽 전자책 발간
   - 현 '공문서 작성법' 대한민국 1타 강사
     출강 기관: 서울대학교 대학행정교육원, 전국 대학교, 시도교육청 연수원, 인재개발원, 지방자치단체 등

3. 예상 핵심 타깃 독자
   - 공무원, 교원, 전국 대학교, 공기업, 준정부기관, 공공기관 직원 등 공문서를 작성하는 모든 직원이 대상입니다. 또한, 매년 신규 직원 채용에 따른 추가 수요가 항상 존재합니다.

4. 출간 목적
   - 현재 교보문고, 예스24, 알라딘 등 모든 서점에 '보고서 작성법'과 관련된 책들은 상당히 많지만, '공문서 작성법'과 관련된 책은 전혀 없습니다. 우리나라 공무원,

- 교원, 전국 대학교, 공기업, 준정부기관, 공공기관 직원들은 입사할 때 기본적으로 공문서 작성법을 배웁니다. 다만, 강사에 따라 배움의 깊이가 다릅니다.
- 본인은 현재 15년 차 현직 공무원이고 공문서 작성법을 실무적으로 8년 이상 고민하고 연구하여 누구보다 공문서를 쉽고 올바르게 작성할 수 있는 방법에 대한 노하우가 있습니다.
- 또한, 현재 대한민국 '공문서 작성법' 1타 강사로서 서울대학교 대학행정교육원, 전국 대학교, 시도교육청 연수원, 인재개발원, 지방자치단체 등 수차례 출강을 통해 연수생들의 궁금증을 속 시원하게 풀어내는 방법을 이 책 한 권에 담아내고자 합니다.

5. 국내 레퍼런스
- 현재 경쟁이 될 만한 '공문서 작성법' 책이 어디에도 출간되어 있지 않습니다.

6. 내용 개요
- 책은 총 4단계로
  1. 개념 이해하기, 2. 집중해서 학습하기, 3. 궁금한 것 해결하기, 4. 실무에 적용하기로 구성되어 있습니다. 특히 '실무에 적용하기'는 실제 공문 예시문을 수정 후 자세한 설명을 덧붙임으로써 한눈에 이해할 수 있도록 구성하였습니다.
- 이 책은 실제 강의에서 구두로 언급하는 내용을 전체 설명에 포함하여 기술하여 강의 없이도 이해하기 쉽도록 구성하였습니다.

7. 목차
Ⅰ. 개념 이해하기
- 공공언어와 공문서의 정의
- 올바른 공문서 작성의 중요성
- 공문서 작성의 원칙
- 공문서 작성 적용 규정의 우선순위

Ⅱ. 집중해서 학습하기
- 항목 기호 구분
- 공문서 작성 방법 개선·시행 알림
- 항목 표시 위치 및 띄우기
- 첫째 항목 기호 '1'은 왼쪽 기본선에서 시작한다.
- 항목이 두 줄 이상인 경우 둘째 줄부터는 항목 내용의 첫 글자에 맞춰 정렬한다.
- 첫째 항목이 하나만 있는 경우 항목 기호를 부여하지 아니한다.
- 귀사, 귀교, 귀댁은 붙여 쓴다.
- 쉽게 이해하는 날짜 표기 방법
- 관련 근거에 '호'를 언제 붙일까?
- 위 호와 관련하여
- 관련되는 문서의 제목을 표기할 때
- '우리 기관', '우리 학교' 띄어쓰기는?
- '있다', '없다'는 앞말과 띄어 쓴다.
- 만전을 기하여 주시기 바랍니다.
- 적극 협조 바랍니다.
- 다음(아래)과 같이 다음에 -다음-, -아래-
- 조, 항, 호, 목 번호 띄어쓰기
- 표의 중간에서 기재 사항이 끝나는 경우 '이하 빈칸'
- 연도를 생략해서 쓸 때
- 물결표(~) 쓰기의 원칙
- '2022. 9. 1. 자 사무 분장'에서 '자'의 띄어쓰기는?
- 금액을 표기할 때
- 시간을 표기할 때
- '붙임'과 '1부' 표기 방법
- '끝' 표기 방법
- 쪽 번호를 표시할 때

- 번역 투와 사동 표현 삼가기
- 때를 뜻하는 '시(時)'의 띄어쓰기
- 달러, 원 등 단위명사 띄어쓰기
- '주최'와 '주관' 구분하기
- '서울과 부산 간', '이틀간' 띄어쓰기
- 숨김표(○○, ××) 표기 방법
- 법령명 띄어쓰기
- 외래어 표기
- '추진 배경', '개선 방안', '기대 효과' 등 띄어쓰기 원칙은?

Ⅲ. 궁금한 것 해결하기
- '귀 기관의 발전을 기원합니다.'를 꼭 적어야 하나요?
- '관련'과 '귀 기관의 발전을 기원합니다.' 중 먼저 작성해야 하는 것은?
- 항목이 두 줄 이상인 경우 정렬 방법은?
- 둘째 항목이 하나만 있는 경우 특수기호(-)를 쓰고 있습니다. 올바른 표기인가요?
- 공문 제목을 별도로 표기할 때 사용하는 문장부호는?
- '공제회'가 자기 단체를 가리킬 때 '당회'가 맞나요? '본 회'가 맞나요?
- '1. 관련'과 '2. 위 호와 관련하여'는 중복된 표기인가요?
- '실시하다'를 '하다'로 순화해서 써야 하나요?
- '홈페이지에 탑재하다'가 올바른 표기인가요?
- '~호와 관련됩니다.' ' ~호 관련입니다.' 어떤 것이 올바른 표기 방법인가요?
- '하니'와 '하오니' 둘 다 사용할 수 있나요?
- '개선방안', '기대효과', '행정사항' 등은 붙여 쓰나요?
- '제출 기한' 뒤에 '까지'를 적으면 중복된 표기인가요?
- '해당 사항 없음을 제출합니다.'가 올바른 표기 방법인가요?
- 표 오른쪽 위에 단위 표기 방법은?
- 표를 작성할 때 양쪽 테두리 선을 투명하게 만들어야 하나요?
- 표의 정확한 위치는?

- 표를 한계선까지 작성하지 않고 중간에서 끝났을 경우 '끝' 표시는?
- 표의 중간에서 기재 사항이 끝나는 경우 표시하는 '이하 빈칸'이 순화 대상어인지?
- 공문 제목에서 '2022년'을 '2022.'으로 마침표를 사용할 수 있나요?
- '몇 월 몇 일 기준'을 작성할 때 '기준'은 앞말에 붙여 적나요?
- 날짜를 나열할 때 '2022. 4. 5, 2022. 4. 12.'처럼 작성하나요?
- 시간을 나타낼 때는 '12:00-13:00'처럼 붙임표(-)가 원칙인가요?
- '붙임 참조'가 맞나요? '붙임 참고'가 맞나요?
- 붙임을 표기할 때 '1부'에서 '부'는 종이의 장수를 의미하나요?
- '별도 송부'의 올바른 표기 방법은 무엇인가요?
- 붙임 파일의 이름을 파일명 그대로 다 적어야 하나요?
- 의견 조회 공문에서 본문이 참고표(※) 문장으로 끝났을 경우 '끝' 표시는?
- 개인정보 관련 '유의 사항'이나 발송 기관 관련 '안내 문구'의 위치는?
- 내부 결재 문서에서 '예산 과목' 또는 '지출 과목'을 표기할 때 쓰는 문장부호는?
- '3분기', '3/4분기' 중 올바른 표기 방법은 무엇인가요?
- 산출 내용을 작성할 때 사용하는 부호(·, ※, +, ×)의 띄어쓰기는?
- 경력 사항이나 명칭 변경과 관련된 '구', '전', '현' 등은 어떻게 표기해야 하나요?
- '방과후학교'를 '방과 후 학교'처럼 띄어 써야 하나요?
- 가독성 높은 문장 표현법은?
- 돈의 범위를 표기할 때 물결표(~)를 쓰고 앞의 단위를 생략할 수 있나요?
- 접속사 다음에 쉼표를 찍는 것과 안 찍는 것을 어떻게 구분하나요?

Ⅳ. 실무에 적용하기

- 행정안전부, "행정업무운영 편람"(2020. 12.) 예시 바로잡기
- 지방자치인재개발원, "행정업무운영실무"(2022. 1.) 예시 바로잡기
- 전라북도교육청, "공문서 쉽고 바르게 쓰기"(2019. 4.) 사례 바로잡기
- 서울특별시교육청, "한눈에 보는 보건업무 길라잡이"(2022. 2.) 예시 바로잡기
- 슬기로운 교행생활(유튜브), "공문서 작성법 심화, 실전편"(2021. 11.) 바로잡기

8. 원고: 60쪽 PDF 파일 참고

우리나라 출판사 중에 발행 실적이 있는 출판사 수는 대략 9,000개가 넘는다고 한다. '이렇게나 많은 출판사가 있는데 설마 내 책 한 권 출간해 줄 출판사가 없을까?' 수천 개의 출판사 중에 한 곳만 찾으면 된다는 생각으로 약 3일에 걸쳐서 이메일을 모두 발송했다.

결과는 내 생각과는 달랐다. "우리 출판사는 그런 종류의 책을 취급하지 않는다"거나 "내부 회의 결과 출판하지 않기로 했다"는 회신이 가장 많았다. 그나마 회신이라도 해주면 다행이었다. 대답 없는 출판사가 대부분이었다. 결과를 기다리는 중에 모 출판사에서 드디어 긍정적인 회신이 왔다.

이렇게 꼭 필요한 책이 전혀 출간된 적이 없다는 사실이 놀랍습니다.
선생님의 귀중한 원고 저희가 출판하겠습니다.
계약 조건은 다음과 같습니다.

- 계약금 100만 원, 인세율 10%, 초판 2,000부
- 원고 인도 후 2개월 내 출간, 출간 후 즉시 초판 인세 전액 지급

책 출간은 처음이다 보니 이렇게 제시한 계약 조건이 어떤 수준

인지 감이 오지 않았다. 급한 대로 책 출판과 관련된 카페에 질문했는데 대부분의 사람들이 초보 작가에게는 상당히 괜찮은 조건이라고 했다. 그래서 일단 계약을 진행하기로 했다.

그렇게 출판사 대표와 통화하고 3일 후에 계약서를 등기로 보내겠다고 해서 기다리는 중이었다. 3일이 지났는데 아무런 연락이 없었다. 불안한 마음에 확인 전화를 했는데 연락을 받지 않았다. 기다리던 등기는 오지 않고 그 출판사 대표로부터 이메일이 도착했다.

> 죄송한 말씀 드리게 되었습니다.
> 저희 내부 편집, 기획팀과 여러 차례 숙고와 토의 끝에 계약 진행을 하지 않기로 결론 내렸습니다.
> 공문서 작성의 시장성을 낙관할 수 없어서입니다.
> 손익분기점을 맞추려면 최소한 1,500부 이상을 팔아야 하는데 그게 자신이 없습니다.
> 이런 이유로 계약을 포기하게 되었습니다.

그동안 출판 시장에 한 권도 없던 '공문서 작성법'이란 책의 시장성이 문제였다. 출판사는 팔리는 책을 출판한다. 판매가 되지 않으면 재고와 손실을 모두 떠안아야 하기 때문이다.

너무 쉽게 일이 진행되는구나 싶었다. 내 책이 팔릴 거라는 확신이 없는 출판사와 더 이상 할 얘기는 없었다.

딱 한 줄로만 회신했다.

"오늘의 선택이 훗날 최선의 선택이었기를 바랍니다."

'과연 이대로는 출판할 수 없는 걸까?'

내가 출간하려는 책과 비슷한 분야의 책을 출판한 출판사에 출간 기획서를 보내면 연락이 올 가능성이 있다는 얘기를 들었다. 그동안 책꽂이에 꽂아두었던 보고서 작성법 관련 책 7권에서 출판사 이메일을 옮겨 적은 후에 다시 이메일을 보냈다.

그러자 그동안 결과를 기다리던 출판사를 포함하여 총 8개의 출판사에서 종이책 출간 제의가 왔다. 갑자기 출판사를 선택해야 하는 입장이 되었다. 모 출판사 대표는 그동안 내 블로그에 짧게 올린 글들을 유심히 봐왔다면서 최근에 전자책을 출판한 것을 보고는 이제 정식으로 출간하면 되겠다는 생각을 하고 있었다고 했다. 또 다른 출판사 담당자는 내가 근무하는 학교로 직접 전화해서 출간 제의를 하기도 했다.

온오프라인 서점에 보고서 작성법을 주제로 한 책은 많은데 공문서 작성 분야의 책은 단 한 권도 없는 현상에 대해 모 출판사 대표는 이렇게 얘기했다.

"그 이유는 둘 중 하나입니다. 공문서 작성법 책은 시장 수요가 없거나, 그 책을 쓸 사람이 없었기 때문입니다. 우리 출판사는 후자라고 생각합니다. 우리 출판사와 출간하실 것을 제안합니다."

그렇게 해서 나와 의견이 맞는 출판사 한 곳과 정식으로 종이책 출간 계약을 체결하게 되었다. 처음 제안받았던 계약 조건 그대로 진행했다.

2022년 9월 계약을 체결하여, 《무조건 통과하는 공문서 작성법》이라는 제목으로 2023년 5월에 출간되었으며, 출간 1개월 만에 2쇄를 찍었고, 2025년 3월 현재 초판 8쇄, 누적 1만 6,000부를 발행했다.

2024년 6월에 전국의 교육청에서 지방 공무원을 선발했는데 대구광역시교육청은 120명을, 경상북도교육청은 250명이었다. 대구광역시교육연수원과 경상북도교육청연수원은 신규 임용 예정자 기본 교육과정에서 《무조건 통과하는 공문서 작성법》을 1인 1권씩 연수원 선물로 배부했다. 세종특별자치시교육청교육원은 2024년과 2025년에 신규 지방공무원 역량 강화 연수에서 지난해 합격자를 대상으로 이 책을 교재로 교부했다.

최근 정부의 중점 사업인 늘봄실무사 채용이 이어졌다. 모 교육청에서는 신규 채용한 240여 명의 늘봄실무사 발령 전 연수에서 《무조건 통과하는 공문서 작성법》을 직무 교재로 채택해 1인 1권씩 지급했다.

　종이책 출간을 퍼스널 브랜딩 1순위로 꼽는다. 작가가 원고만 넘겨주고 인세를 받는 기획 출판을 하기가 그만큼 어렵기 때문이다. 단순히 '책을 냈다' 정도의 타이틀만 원한다면 작가가 비용을 일부 부담하는 자비출판도 있지만 추천하지는 않는다. 책이 팔리지 않는다면 그 많은 책을 증정 외에는 어떻게 소진할 것인가?

　책을 기획 출판하게 되면 출판사와 출판권 설정계약서를 작성한다. 출판 분야 표준계약서에 따르면 출판권 설정계약서에서 중요한 사항은 다음과 같다.

출판사가 보유하는 저작물의 출판권은 초판 1쇄 발행일로부터 5년까지 효력을 가진다. 출판사는 작가에게 초판의 경우 홍보 부수(10%)를 제외한 발행 부수의 도서정가 8~10%를, 2쇄부터는 반품 등을 제외한 판매 부수의 도서정가 8~10%를 곱한 금액을 인세로 지급한다.

출간한 지 얼마 되지 않았는데 네이버 도서나 온라인 서점에서 '베스트셀러' 딱지가 붙어 있다고 해서 자기 책을 베스트셀러라고 하는 사람들이 종종 있다. 이것은 일시적인 출간 효과일 가능성이 높다.

하루에 19만 부가 넘는 책이 발간되는데, 안타깝게도 95%가 1쇄를 모두 소진하지 못한다고 한다.

단 10%만이 1만 부 이상을 발행한다고 한다. 우리나라 출판 시장에서 베스트셀러의 시작을 1만 부 판매로 잡는 이유이기도 하다. 각 쇄마다 2,000부씩 발행한다면 5쇄를 발행해서 모두 판매되었을 때 판매량은 1만 부가 되고 비로소 베스트셀러의 시작점에 설 수 있다.

구독자의 경우 대부분 온라인 서점을 많이 이용하는데 대표적으로 예스24, 교보문고, 알라딘이 있다. 각 서점마다 판매 순위를 집계하는 기준이 따로 있는데 예스24는 판매지수, 교보문고는 주간 베스트 순위, 알라딘의 경우 세일즈 포인트로 표시한다. 이 지수 변동에 따라 매일 새벽에 전체 순위가 바뀐다. 나 또한 첫 책을 출간하면서 안 좋은 습관이 생겼다. 일종의 직업병처럼 새벽 3시에 예스24 판매지수를, 4시에 교보문고 주간 베스트 순위를, 7시에 알라딘의 세일즈 포인트를 확인하게 되었다. 아마도 책을 낸 작가라면 모두 같은 증상을 겪고 있을지 모른다.

첫 책을 계약하는 과정도 순조롭지는 않았다. '공문서 작성법은 인터넷 자료를 참고해서 쓰면 되는데 굳이 책을 살 필요가 있나?', '팔리는 책이었으면 벌써 서점에 나왔겠지', 즉 책의 시장성에 대한 의문이었다. 2022년 9월 20일 출판 계약을 체결하고 2023년 5월 10일에서야 책이 출간되었다. 출판사에서 기존 계약된 책의 출간 예정일이 정해진 상황에서 신간 일정을 추가로 잡기가 어려웠다. 출간 시기가 늦춰지는 데도 순기능은 분명히 있었다. 최종 원고를 제출한 후로는 특별히 할 일이 없었기 때문에 기다리는 시간 동안 원고를 처음부터 다시 보기 시작했다. 전체적인 설명과 내용의 흐름이 자연스러운지 몇 번을 확인하고 다시 고쳐 썼다. 그렇게 최종 수정된 원고를 넘겼다.

《무조건 통과하는 공문서 작성법》은 출간한 지 2년이 채 되지 않아 초판 8쇄, 1만 6,000부를 발행했다.

📁 **《무조건 통과하는 공문서 작성법》 발행일 및 발행 부수**

초판 1쇄	2023. 5. 10.	2,000부
초판 2쇄	2023. 6. 7.	2,000부
초판 3쇄	2023. 9. 20.	2,000부
초판 4쇄	2023. 12. 27.	2,000부
초판 5쇄	2024. 4. 11.	2,000부
초판 6쇄	2024. 8. 13.	2,000부
초판 7쇄	2024. 12. 2.	2,000부
초판 8쇄	2025. 3. 4.	2,000부
합계		16,000부

이 책은 검찰사무직 선배가 신입 직원이 입사했을 때 선물하면서 20번 읽어보라고 얘기하는 책이 되었다. 지방자치단체에서 어느 날 갑자기 200권이 필요하다고 출판사에 주문이 들어오는 책이 되었다. 공공기관 신입 직원 교육에 참석한 직원들에게 1권씩 선물로 나눠주는 책이 되었다. 보수적으로 계산해도 연평균 4쇄, 8,000부 발행을 기대할 수 있는 책이다.

실제 강연을 하면서 느낀 점은 '공문서 작성법' 분야는 알고 보면 상당히 잠재력이 있는 시장이라는 것이다. 우리나라 공무원, 공공기관, 대학교, 지방공기업, 지방출자·출연기관, 공직유관단체, 사회복지센터 종사자까지 모두 공문서를 작성하고 있다. 그리고 매년 신입 직원을 채용한다.

비슷한 분야에 있는 보고서 작성법 책은 최근에도 신간이 나왔다. 시중에 출간된 책이 15권이 넘는다. 보고서 작성법은 보고서를 쓰는 사람에 따라 달라진다. 메시지를 중요하게 생각하는 사람이 있는 반면, 생각의 요소가 모두 포함되어야 한다고 얘기하는 사람도 있다. 접근 방법에 따라 쓰는 방법이 달라지기 때문에 다양한 책이 출간되고 있다.

하지만 공문서는 어떤가? 공문서는 한 장의 종이에 표준화된 틀을 담는다. 각 요소마다 쓰는 방법을 규정하고 있다. 선택의 여지가 많지 않다는 것이다. 내 책은 이미 관계 기관에서 발행한 모든 공문서 지침서를 종합해서 정리했기 때문에 다른 책을 출간하고자 한들 새로운 내용을 담을 것이 별로 없다. 이미 진입 장벽이 생긴 것이다.

"강의 주제를 정말 잘 잡은 것 같아요."

사람들은 나에게 종종 이런 얘기를 한다. 사실 그 분야는 예전부터 계속 있었고, 그동안 수많은 공무원들이 거쳐 갔다. 다만 '왜 서점에는 공문서 책이 없을까?'라는 생각에 그쳤을 뿐이다.

나는 다른 생각을 했다.

'<u>서점에 공문서 책이 있다면 과연 팔릴까?</u>' 그리고 그 생각을 실천에 옮겼다.

4

교원 직무연수 온라인 콘텐츠 론칭

　　서울대학교 대학행정교육원과 전국 대학교의 개별 요청에 따라 강연을 한창 나가고 있을 때였다. 대학교 직원을 대상으로 교육하는 연수센터의 센터장에게서 전화를 받았다. 강의 요청에 따라 전국 대학교 직원 대상 강의를 줌으로 진행했고, 교육 담당자의 말에 따르면 센터장님께서 강의 평가 결과에 상당히 만족하셨다고 했다.

　이후에 또 다른 담당자에게 연락이 왔는데 공문서 작성법 과정을 듣고자 하는 대학교 직원들의 수요가 많으니 온라인 콘텐츠를 제작하자는 제안이었다. 영상을 촬영하는 촬영장이 별도로 있었고 편한 시간에 방문해서 3시간 강의를 촬영하면 된다고 했다. 현직 공무원이다 보니 온라인 콘텐츠 촬영에 대해 신경 써야 할 부분이 한두 가지가 아니었다.

'겸직허가를 받아야 되나?'부터 '이런 촬영을 해도 되나?'까지 모든 것이 물음표(?)였다. 어쨌든 영상 콘텐츠 제작은 모 협회에서 제안받은 적이 있는데 처음부터 단칼에 거절했고, 두 번째 제안을 받은 터라 궁금한 사항들을 담당자에게 물었다.

"영상은 3차시로 제작한다고 하셨는데 강사료는 어떻게 책정하는 거죠? 수강 인원에 따라 몇 퍼센트의 수익을 배분해서 지급하나요?"

"강의를 한 번 하는 강사료로 처음 1회만 지급합니다."

그 제안에 응할 이유가 없었다. 강사의 고유 콘텐츠로 영상을 제작하면서 그것도 한 달에 한 번씩 수강생을 모집하고 같은 영상을 반복 사용하면서 저작권료가 강사료 1회라니, 교육 담당자에게 되물을 수밖에 없었다.

"담당자님이 저라면 찍으시겠습니까?"

시간이 어느 정도 흘렀을 때 그 연수기관은 결국 보고서 전문 강사를 초빙해서 공문서 작성법이란 제목으로 영상 콘텐츠를 제작해서 매달 반복해서 영상을 돌리고 있었다. 강의 내용을 우연히 들을 기회가 있었는데 제목과는 다르게 내용의 80% 이상이 보고서 작성법을 얘기하는 것이었다.

우리나라 교사를 대상으로 한 온라인 교육 플랫폼으로 티처빌 연수원이 있다. 연수원의 서비스 중 '쌤동네'라는 플랫폼이 있는데 유료, 무료 콘텐츠를 제공하고, 쌤모임이란 곳에서는 누구나 줌으로 300명까지 강의를 개설할 수 있다.

일반적으로 사람들은 줌 강의가 대면 강의보다 집중력이 떨어진다고 생각하는데 사실은 그렇지 않다. 대면 강의보다 줌 강의가 더 집중력 있고 효율적이다. 줌 강의는 연수생들과 강사가 얼마나 더 효율적으로 소통하느냐가 관건이다. 여전히 전국 단위 교육은 줌 강의가 많은데 이 강의의 장점이 또 하나 있다. 바로 녹화가 가능하다는 것이다. 강의 전체를 녹화해서 필요한 부분만 편집해서 다시 활용할 수 있다.

실제로 모 대학교에서 5시간 강의를 실시간 줌으로 진행한 적이 있다. 이 영상을 4차시로 편집하여 겸직허가를 받은 후 티처빌 쌤동네에서 유료 콘텐츠로 판매했다. 쌤동네 유료 콘텐츠는 플랫폼 수수료를 제하고 판매 금액의 70%를 정산받을 수 있다. 이 유료 콘텐츠는 2023년 10월부터 2024년 3월까지 판매 건수 117건을 기록했다. 나는 이를 통해 온라인 콘텐츠 시장의 수요를 예측할 수 있었다.

우리나라 전체 교원 수는 40만 명이 넘는다고 한다. 전국 17개 시도교육청은 지역마다 차이는 있지만, 교사를 위한 직무연수 경비를 연간 15만~30만 원 정도 매년 학교 회계에 반영하도록 권장하고 있다. 이 예산은 교사가 먼저 온라인 플랫폼인 티처빌이나 아이스크림 연수원과 같은 곳에서 자비로 선결제 후에 청구하는 방식으로 이루어진다. 즉, 연수 신청에 따른 환급이 가능한 구조다.

이 시장을 잡아야겠다는 생각을 했다. 수요는 유료 콘텐츠로 확인했으니 환급되는 과정이라면 충분히 승산이 있을 것이라고 판단했다. 가장 대표적인 플랫폼 2곳에 제안서를 넣었다. 현재 온라인 플랫폼 중에는 교사 대상 직무연수 과정에 '공문서 작성법'만을 전문적으로 다룬 연수는 없으니 직무연수 콘텐츠를 함께 개발하자는 내용이었다.

티처빌 콘텐츠 기획 담당자에게서 '티스콘 직무연수'로 개발하자는 연락이 왔다. 강사가 대본만 읽고 업체에서 알아서 영상을 찍고 편집까지 해주는 일반적인 직무연수 콘텐츠가 아니었다. 내가 직접 콘텐츠를 기획하고 개발 가이드에 따라 영상을 찍고 편집까지 완료하는 것이었다.

처음 티스콘 직무연수 제안을 그리 탐탁지 않게 생각했던 이유는 나도 남들처럼 멋진 고화질 영상으로 제작하고 싶었기 때문이다. 그런데 문제는 수익 배분에 차이가 있었다. 직무연수는 플랫폼에서 제작비를 모두 지원하기 때문에 실제 수익 배분 비율이 낮다. 티스

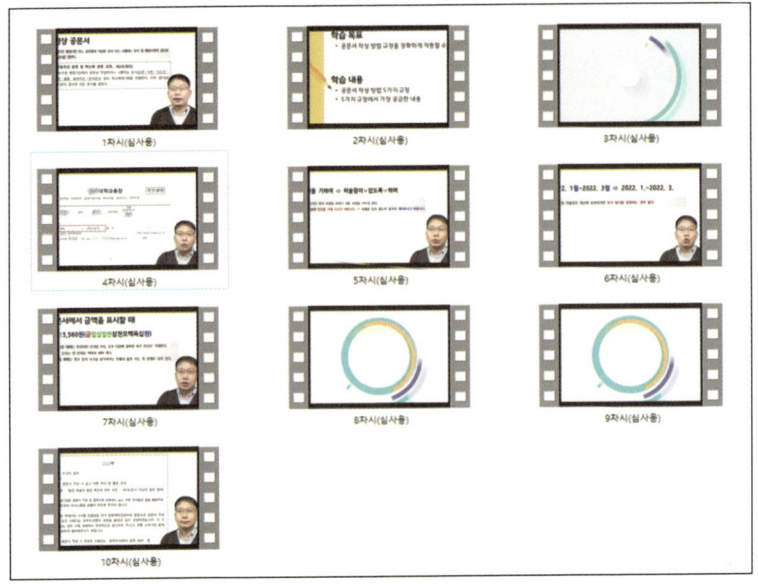

콘은 강사가 콘텐츠를 직접 제작하고 편집까지 하기 때문에 1명 결제 금액의 40% 정도를 수익으로 받을 수 있는 구조였다. 당연히 장기적으로 본다면 수익 배분이 높은 것을 선택하는 것이 맞다.

일단 시작하기로 했다. 혼자 영상을 촬영한 후에 편집은 외주로 맡기려고 했다. 초기 비용이 들더라도 자신이 잘하는 것만 분리해서 하는 것이 가장 효율적인 방법이다. 2023년 10월에 시작한 셀프 영상 촬영은 평일 저녁 또는 주말에 몰아서 했고 조명 세트와 크로마키, 영상 편집 유료 프로그램 등을 구입해서 결국 외주를 주지 않고 직접 편집했다.

 영상에서 살짝 초보 티가 나긴 했지만 티스콘 크리에이터 가이드에 따라 규정에 맞게 제작되기만 하면 되기 때문에 그렇게 어려운 것은 없었다. 이 작업은 몇 번을 갈아엎고 나서 2023년 12월 초가 돼서야 최종 심사 서류를 한국교육학술정보원^{KERIS}에 제출했다. 2024년 2월 첫 심사에서 조건부 합격이 나왔고, 부족한 부분을 보완해서 3월 14일, 교원 직무연수 10차시 600분 과정으로 최종 승인을 받을 수 있었다.

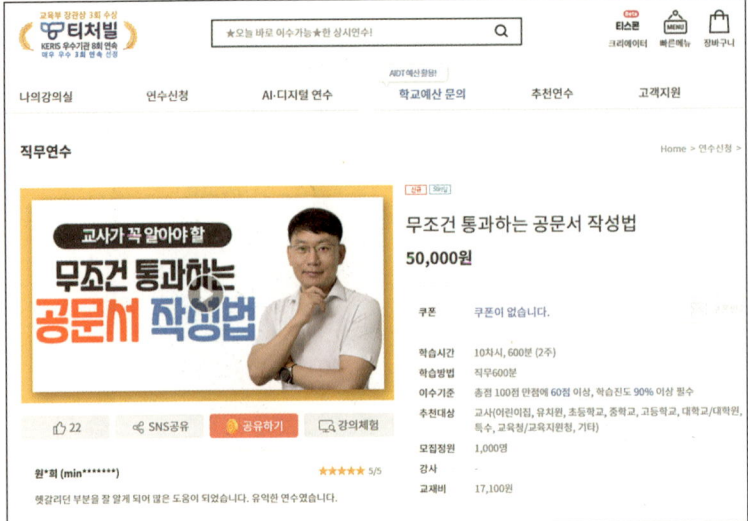

아래는 한국교육학술정보원^{KERIS} 심사 총평이다.

> 최근 법령과 규정에 맞게 작성되었으며, 알기 쉽고 짜임새 있는 구성으로 교원과 교육전문직원뿐만 아니라 지방공무원을 대상으로 하여도 손색없을 만큼 내용이 알차게 구성되어 있다.
>
> 교직원들이 많이 헷갈려하는 공문서 작성법으로, 교원이나 행정실 등 지위 고하를 막론하고 들어도 매우 좋은 효과를 볼 연수라고 사료된다.
>
> 특히, 공문서를 작성할 때 가장 궁금해하는 점을 예로 들면, "붙임 1, 2에서 붙임 1의 내용이 다음 단락으로 내려왔을 때 어디를 기준으로 정렬해야 하는가?", "쌍점을 사용하더라도 다음 단락에서는 처음 시작하는 문장을 기준으로 정렬해야 한다" 등의 내용에 대한 명쾌한 해결책을 제시해 주고 있어 현장에서 활용도가 높을 것으로 기대된다.

티처빌 티스콘 직무연수 과정은 2024년 3월 개설 후 2024년 티처빌 연수원 자기계발 부문 'BEST PICK' 연수에 선정되기도 했다.

5

자신이 브랜드가 되어라

　공직 생활은 자기 이름 세 글자를 브랜드화하는 과정이다. 이름만 들어도 각자 생각하는 그 사람의 이미지를 0.5초 만에 떠올린다. 그 이미지가 얼마나 긍정적이냐에 따라 그 사람의 평판과 직결된다. 긍정적인 평판을 한 번에 만들기도 어렵지만, 한번 떨어진 평판을 끌어올리기란 쉽지 않다.

　2019년, 본청에서 생일을 맞이한 직원들에게 원하는 문구를 알려주면 작은 액자를 만들어주는 행사가 있었다. 어떤 책이었는지 기억은 잘 나지 않지만 "자신이 브랜드가 되어라"라는 문장으로 생일 선물 액자를 신청했다. 이 액자는 2023년까지 책상 한쪽에

세워뒀다가 같은 팀 막내 직원에게 주었다.

"자신이 브랜드가 되어라!"

말 그대로 퍼스널 브랜딩 Personal Branding 을 뜻한다.
네이버 오픈사전에서는 퍼스널 브랜딩을 '자신을 브랜드화하여 특정 분야에 대해서 먼저 자신을 떠올릴 수 있도록 만드는 것'이라고 정의하고 있다.
훗날 어떤 분은 이렇게 얘기한다.
"그동안 수많은 공무원과 공공기관의 직원들이 있었음에도 '공문서 작성법'이란 말만 들으면 이무하 주무관만 떠오른다. 브랜딩에 성공했다"라고.

파이프라인	
01 강연	공문서 작성법 전문 강사 · 전국 100개 기관 출강(강의 만족도 97.0점) · 서울대학교 대학행정교육원 '행정문서 바르게 알고 쓰기' 강사
02 콘텐츠	교사가 꼭 알아야 할 무조건 통과하는 공문서 작성법 · 2024년 3월 교원 10차시 직무연수 론칭 · 2024년 티처빌 연수원 자기계발 부문 'BEST PICK' 연수 선정
03 종이책	무조건 통과하는 공문서 작성법 · 2023년 5월 출간, 2025년 3월 초판 8쇄(누적 1만 6,000부 발행) 공직에서 길을 찾다 · 2025년 6월 출간 한 장으로 끝내는 공문서 작성법 실무 · 2025년 9월 출간

나는 '공문서 작성법' 하나만으로 2025년 6월 현재 전국 100개 기관에 출강하고 있다. 2023년 5월에 출간한 첫 번째 종이책 《무조건 통과하는 공문서 작성법》은 우리나라 온오프라인 서점에서 공문서 작성법 분야의 유일한 책이다. 우리나라 출판 시장의 베스트셀러 기준인 1만 부를 훌쩍 넘겼다.

2024년 3월에 '교사가 꼭 알아야 할 무조건 통과하는 공문서 작성법' 교원 10차시 직무연수는 한국교육학술정보원^{KERIS} 심사를 통과하여 현재 티처빌 연수원에서 운영하고 있다.

2025년 6월에 두 번째 종이책 《공직에서 길을 찾다》를 출간했고, 2025년 9월 세 번째 종이책《한 장으로 끝내는 공문서 작성법 실무》출간을 앞두고 있다.

   지금까지 전국구 강연, 직무연수 콘텐츠 론칭, 종이책 3권 출간으로 파이프라인을 완성했다. 이렇게 난 우리나라 공문서 작성법 분야에서 새로운 브랜드가 되어가고 있다. 앞으로 남은 인생 동안 난 이 분야에서 더욱 확고한 브랜드로 성장하길 기대하며 끊임없이 노력하고 다른 사람과 차별화해 나갈 것이다. 나의 스토리는 여전히 현재진행형이다.

공직에서 길을 찾다

초판 1쇄 인쇄 2025년 6월 5일
초판 1쇄 발행 2025년 6월 24일

지은이 이무하
펴낸이 이범상
펴낸곳 (주)비전비엔피·애플북스

책임편집 차재호
기획편집 김승희 김혜경 한윤지 박성아 신은정
디자인 김혜림 이민선 인주영
마케팅 이성호 이병준 문세희 이유빈
전자책 김희정 안상희 김낙기
관리 이다정
인쇄 위프린팅

주소 우 04034 서울특별시 마포구 잔다리로7길 12 (서교동)
전화 02) 338-2411 | **팩스** 02) 338-2413
홈페이지 www.visionbp.co.kr
인스타그램 www.instagram.com/visionbnp
포스트 post.naver.com/visioncorea
이메일 visioncorea@naver.com
원고투고 editor@visionbp.co.kr

등록번호 제313-2007-000012호

ISBN 979-11-92641-94-2 03320

· 값은 뒤표지에 있습니다.
· 잘못된 책은 구입하신 서점에서 바꿔드립니다.